Les vertus
miraculeuses du
raisin

Design graphique : Christine Hébert
Infographie : Chantal Landry
Révision : Denis Legros
Correction : Sylvie Massariol et Sabine Cerboni

Gouvernement du Québec – Programme de crédit d'impôt pour
l'édition de livres – Gestion SODEC – www.sodec.gouv.qc.ca

L'Éditeur bénéficie du soutien de la Société de développement des
entreprises culturelles du Québec pour son programme d'édition.

 Conseil des Arts   Canada Council
du Canada   for the Arts

Nous remercions le Conseil des Arts du Canada de l'aide accordée
à notre programme de publication.

Nous reconnaissons l'aide financière du gouvernement du Canada
par l'entremise du Fonds du livre du Canada pour nos activités
d'édition.

02-14

Dépôt légal : 2014
Bibliothèque et Archives nationales du Québec

ISBN 978-2-7619-3651-4

DISTRIBUTEURS EXCLUSIFS :

Pour le Canada et les États-Unis :
MESSAGERIES ADP*
2315, rue de la Province
Longueuil, Québec J4G 1G4
Téléphone : 450-640-1237
Télécopieur : 450-674-6237
Internet : www.messageries-adp.com
* filiale du Groupe Sogides inc.,
   filiale de Québecor Média inc.

Pour la France et les autres pays :
INTERFORUM editis
Immeuble Paryseine, 3, allée de la Seine
94854 Ivry CEDEX
Téléphone : 33 (0) 1 49 59 11 56/91
Télécopieur : 33 (0) 1 49 59 11 33
Service commandes France Métropolitaine
Téléphone : 33 (0) 2 38 32 71 00
Télécopieur : 33 (0) 2 38 32 71 28
Internet : www.interforum.fr
Service commandes Export – DOM-TOM
Télécopieur : 33 (0) 2 38 32 78 86
Internet : www.interforum.fr
Courriel : cdes-export@interforum.fr

Pour la Suisse :
INTERFORUM editis SUISSE
Case postale 69 – CH 1701 Fribourg – Suisse
Téléphone : 41 (0) 26 460 80 60
Télécopieur : 41 (0) 26 460 80 68
Internet : www.interforumsuisse.ch
Courriel : office@interforumsuisse.ch
Distributeur : OLF S.A.
ZI. 3, Corminboeuf
Case postale 1061 – CH 1701 Fribourg – Suisse
Commandes :
Téléphone : 41 (0) 26 467 53 33
Télécopieur : 41 (0) 26 467 54 66
Internet : www.olf.ch
Courriel : information@olf.ch

Pour la Belgique et le Luxembourg :
INTERFORUM BENELUX S.A.
Fond Jean-Pâques, 6
B-1348 Louvain-La-Neuve
Téléphone : 32 (0) 10 42 03 20
Télécopieur : 32 (0) 10 41 20 24
Internet : www.interforum.be
Courriel : info@interforum.be

Catherine Crépeau

Les vertus miraculeuses du raisin

LES ÉDITIONS DE
L'HOMME

Une société de Québecor Média

De la vigne

sauvage à la vigne
d'aujourd'hui

« Il y a plus
de philosophie
dans une
bouteille de
vin que dans
tous les livres. »

Louis Pasteur

Le raisin, que ce soit celui que l'on consomme à table ou celui qui nous donne le vin qui agrémente nos repas, a peu changé depuis sa découverte par nos ancêtres, quelque 500 000 ans av. J.-C., bien que les variétés tirées de la vigne sauvage se soient multipliées.

Les premiers signes de consommation du raisin remontent au paléolithique. Des restes de charbon provenant du bois de vigne et de pépins de raisin indiquent que nos ancêtres chasseurs-cueilleurs étaient friands de ces baies sauvages. Sur le site de Terra Amata, dans le sud de la France, des pépins retrouvés par les chercheurs attestent que le raisin était cueilli et ramassé entre 500 000 et 120 000 ans avant notre ère. Des pépins de raisin sauvages ont aussi été retrouvés sur le site d'Ohalo II, dans le lac de Tibériade, en Israël, où la présence humaine daterait de 23 000 ans. La vigne sauvage était alors existante dans la région méditerranéenne, ainsi que dans le Caucase, entre la Turquie, l'Arménie et l'Iran.

De resin à raisin
Le terme « raisin » dérive du latin populaire *racimus,* qui signifie « grappe de baies ». ◆

Durant la période néolithique, qu'on situe entre 10 000 ans et 2500 ans av. J.-C., les chasseurs-cueilleurs se sédentarisent. La culture, dont celle du raisin, et l'élevage s'implantent progressivement. C'est vers cette époque que l'homme découvre le processus de fermentation du raisin et de la transformation du jus en vin. Une découverte attribuée au hasard : un homme aurait bu le contenu d'une jarre de jus de raisin oubliée dans une caverne, entre la mer Noire et le golfe Persique. Sans doute a-t-il apprécié le goût de ce jus fermenté et ses propriétés enivrantes, puisqu'il a fallu peu de temps aux hommes pour maîtriser le processus de vinification. Des traces d'acide tartrique, un des composants du vin, vieilles de 7500 ans, ont été retrouvées sur le site d'Hajji Firuz Tepe, en Iran. Mais c'est aux Égyptiens qu'on doit les premières représentations du pressage et de la cueillette du raisin, en 2500 av. J.-C. On ignore cependant si le raisin provenait de vignes sauvages ou cultivées.

LES DÉBUTS DE LA VITICULTURE

Selon les archéologues, la culture de la vigne aurait commencé entre 8000 et 4000 ans avant notre ère, dans les montagnes du Proche-Orient, entre la Turquie, le Caucase et l'Iran. C'est probablement dans cette région que s'est faite la transition entre la vigne sauvage et la vigne cultivée. Des pépins de raisin des deux espèces y ont été trouvés dans différents sites. Aujourd'hui, la région compte la plus grande diversité génétique de vignes sur la planète.

La viticulture s'est ensuite étendue en Mésopotamie, en Syrie, en Phénicie et dans le delta du Nil, en Égypte. Un millier d'années plus tard, entre 3000 et 2500 ans avant notre ère, des vignobles apparaissent en Grèce et en Crète, puis en Gaule, où la culture de la vigne s'étend à partir de la colonie grecque de Marseille, fondée vers 600 av. J.-C. Vers la même époque, on signale la présence de vignes en Inde et en Chine. La viticulture sur le territoire actuel de l'Europe et du Proche-Orient est déjà très organisée et la technique de la greffe, qui consiste à insérer une partie vivante d'une vigne dans une autre vigne pour former une nouvelle espèce, est utilisée pour obtenir des raisins plus gros et plus sucrés.

Au Ier siècle, alors que les vignes s'étendent sur le territoire de la Gaule, les ancêtres de nos viticulteurs mettent au point un cépage adapté aux hivers rigoureux, la *Vitis allobrogica,* et une variété de vigne résistante à la pluie et au vent, la *Vitis biturica.*

Au Moyen Âge, les vignobles de la Gaule sont le plus souvent sous la gouverne des évêchés. Jusqu'au XIe siècle, les moines bénédictins cultivent les vignes pour produire le vin nécessaire à la célébration de la messe et pour observer les règles du monastère. À l'époque, les moines ont droit à leur quart de litre quotidien. La création de nouvelles abbayes appelant la plantation de vignobles, la vigne s'étend vers l'Angleterre et l'Allemagne.

La découverte de l'Amérique amène un nouveau développement de la vigne. En débarquant en Nouvelle-France, les Européens trouvent une vigne sauvage, la *Vitis labrusca.* Mais le vin qu'ils en tirent est de piètre qualité. De surcroît, les vignes européennes s'adaptent mal au climat de la colonie. En explorant le territoire, ils découvrent d'autres variétés de vigne sauvage plus tolérantes au froid et susceptibles d'être croisées avec les vignes européennes.

CULTIVER LE RAISIN POUR LE VIN
Le raisin a longtemps été utilisé en priorité pour produire du vin. Le précieux liquide était fortement présent dans la mythologie gréco-latine de l'Antiquité et, plus tard, très prisé au cours des

rites religieux chrétiens. On pense au culte de Bacchus chez les Romains et à celui de Dionysos en Grèce, deux dieux du vin que le peuple célébrait une coupe à la main. Pour les Égyptiens, le vin représentait la vie ; c'était un cadeau d'Osiris, le dieu des défunts. C'est pourquoi les pharaons en apportaient pour le voyage vers les cieux. Des traces de cette vénération du vin ont été retrouvées dans des chambres funéraires datant de la troisième dynastie égyptienne (2868-2613 av. J.-C.).

Pendant l'Antiquité, que les historiens situent entre 3500 ou 3000 av. J.-C. et l'an 476 de notre ère, la production de vin s'étend dans tout l'Empire romain, jusqu'en Gaule dont les habitants sont les premiers à mettre le vin en fût de bois. Les Romains, les Égyptiens et les Grecs consomment aussi le raisin de table, frais et séché, parfois cuit avec des viandes.

En l'honneur des dieux du vin

Dans la Rome antique, on immolait la pie en l'honneur du dieu du vin Bacchus, parce que le précieux liquide délie les langues et rend les buveurs indiscrets.

À Athènes, les fêtes annuelles de mars en l'honneur de Dionysos combinaient concours de théâtre, danses, chants et processions. Le gouvernement en avait fait la principale fête du calendrier au Ve siècle. ◆

Au Moyen Âge, les moines qui entretiennent les vignes des monastères font progresser les techniques en sélectionnant les variétés de vigne en fonction des sols et du climat. Ce sont les premiers qui méritent le titre de viticulteurs.

Au XVIIe siècle, le raisin de table fait son apparition dans les repas de Louis XIV. On le déguste en jus, en grappe, légèrement cuit avec des mets salés ou en pâtisserie. Mais ce n'est que vers la fin du XIXe siècle, lorsque les viticulteurs ont cherché à diversifier leur production pour trouver de nouveaux marchés, que sa consommation s'est popularisée.

Les médecins, eux, savent depuis l'Antiquité que les raisins et les produits de la vigne ont des propriétés thérapeutiques puisqu'ils entrent depuis longtemps dans la fabrication de nombreux remèdes. Au Moyen Âge, c'est au tour du vin d'occuper une grande place dans la pharmacopée. On l'utilise pour donner de l'énergie aux malades, pour favoriser la digestion ou pour prévenir les fatigues et les diarrhées. Avec les années, le vin disparaît de la trousse des médecins au profit du raisin, qui revient comme traitement laxatif et diurétique.

Qu'est-ce

que le raisin ?

« L'arête est
la vengeance
du poisson
et la gueule
de bois,
la colère
des raisihs. »

Tristan Bernard,
écrivain et humoriste français

Le raisin est le fruit de la vigne *Vitis vinifera*, de la famille des *ampélidacées*. Il pousse en grappes formées de dizaines de grains de petite taille et de couleur claire pour le raisin blanc (jaune doré à jaune verdâtre) ou plus foncée pour le raisin rouge (rose ou noir-violet).

Très sucré, le raisin est riche en substances minérales, en acides et en oligo-éléments : arsenic, calcium, chlore, fer, iode, magnésium, manganèse, phosphore, potassium, sodium, soufre, zinc. On y trouve également un grand nombre de vitamines (B_1, B_2, B_3 ou PP, B_5, B_6, C et provitamine A). La quantité de ces vitamines et minéraux variera légèrement selon la saison, la variété de raisin, son degré de maturité lors de la cueillette et les conditions de culture.

LES COMPOSANTS DU RAISIN

Une grappe de raisins se compose de la rafle, ainsi que des grains, eux-mêmes constitués de la pellicule, de la pulpe et des pépins.

La rafle

La rafle est la partie ligneuse ramifiée du raisin qui supporte les grains. On peut résumer en disant qu'il s'agit des parties vertes de la grappe de raisins, soit les tiges qui supportent les grappes et celles qui relient les grains. Elle est essentiellement constituée d'eau (à près de 80 %), de fibres, de tanins et de matières minérales.

La pellicule

Le grain de raisin possède une enveloppe plus ou moins épaisse, la pellicule. Cette dernière est constituée elle-même de trois parties : la cuticule, l'épiderme et l'hypoderme. La cuticule est la membrane extérieure sur laquelle se trouve une poussière cireuse, la pruine, qui donne son aspect velouté au grain. Elle rend la peau du fruit imperméable et fait obstacle aux bactéries charriées par le vent. Sous cette enveloppe, on trouve une couche de cellules qui forment l'épiderme, puis, en dessous, l'hypoderme, dont les cellules renferment des granulations de matières colorantes et les substances aromatiques, responsables de la couleur et du goût fruité du raisin. Ces parfums sont constants pour chaque cépage, mais leur intensité varie selon l'année, la qualité du sol et le degré de maturité du raisin.

La pellicule renferme du resvératrol et des flavonoïdes, deux puissants antioxydants, ainsi que des tanins plus fins que ceux de la rafle.

La pulpe

La pulpe ou la chair du raisin représente de 75 à 85 % du grain entier. Elle se compose essentiellement d'eau, de sucre et d'acides et elle renferme le moût ou le jus de raisin. Les sucres qu'elle contient, le glucose et le lévulose, proviennent de la photosynthèse, processus pendant lequel la vigne transforme la sève en sucre. La teneur en sucres des raisins varie entre 150 et 250 grammes par litre, bien que certains cépages puissent être plus sucrés. Quant à l'acidité du moût, elle provient principalement de trois acides : les acides tartrique, malique et citrique. Ces acides se trouvent dans toutes les parties de la vigne.

La pulpe est généralement incolore, sauf pour les cépages teinturiers dont la pellicule et la pulpe sont noires. Les vins dits blancs de blancs sont faits à partir du cépage chardonnay aux raisins dotés d'une pellicule et d'une pulpe blanches, alors que les raisins entrant dans la préparation de vins blancs de noirs offrent une pellicule noire et une pulpe blanche.

AVEC OU SANS PÉPINS ?

Les pépins représentent environ 3 % du poids de la grappe et renferment des tanins (5 à 8 %) et des huiles (10 à 12 %) recherchés pour leurs propriétés antioxydantes.

La vigne produit des bourgeons, qui sont regroupés en grappes comportant de 100 à 200 boutons. En juin, ces boutons se transforment en fleurs, à la faveur d'un temps ensoleillé, chaud et sec. La fleur de vigne éclot par le bas, découvrant ses organes reproducteurs. Les grains de pollen qu'ils contiennent se dispersent alors au vent et entrent dans le pistil, où ils germent (autopollinisation) et fécondent les ovules ou vont polliniser les fleurs de vignes environnantes. Chaque fleur contient quatre ovules qui, une fois fécondés, deviennent des pépins de raisin. Ces derniers vont se développer en même temps que les grains. Mais il peut arriver que des problèmes de fécondation surviennent et qu'un ou plusieurs ovules ne soient pas fécondés, entraînant une diminution du nombre de pépins dans les grains de raisin.

Certaines variétés sont apyrènes, c'est-à-dire qu'elles proviennent d'un cépage qui ne produit pas de pépins. Ces raisins sans pépins, recherchés pour la production de raisins secs, sont de plus en plus présents dans les supermarchés. Ils ont été obtenus par hybridation dans les années 1990 pour répondre à la demande des consommateurs et ils sont le fruit du croisement de plusieurs types de vignes qui produisent peu de pépins. Ces nombreux croisements ont permis d'arriver à un fruit dont les noyaux sont atrophiés et donc indétectables lors de l'ingestion. Pour ces raisins, la fécondation des ovules par un grain de pollen a lieu, mais les pépins ne se développent pas. Par contre, les raisins de Corinthe ou sultanines qui, dans la nature, n'ont pas de pépins, se reproduisent par clonage naturel ou par reproduction végétative, c'est-à-dire qu'une partie de la plante repousse indépendamment pour former une seconde plante identique.

S'ils sont pratiques et plus faciles à manger, les raisins sans pépins sont moins intéressants au plan nutritionnel puisque c'est dans la peau et les pépins que logent les fibres qui facilitent le transit intestinal ainsi qu'une bonne part des antioxydants.

Éphémère beauté

Petite et légèrement verdâtre, la fleur de vigne ne vit que trois jours. Les fleurs fécondées pendant cette période deviendront un raisin. Celles qui ne le sont pas, environ la moitié, vont se dessécher et tomber sans donner de grain. ◆

LE RAISIN DE TABLE ET LE RAISIN DE CUVE

Il existe deux types de raisins. On les dit de cuve lorsqu'ils sont destinés à la production de vin, et de table lorsqu'ils sont destinés à être dégustés frais. Dans chacune de ces catégories, on compte des centaines d'espèces de vigne. Ces cépages se distinguent par la forme de leurs grappes, leur taille, leur goût et la couleur de leurs grains qui varie du blanc au noir, en passant par le bleu et le rouge.

La majorité des cépages cultivés ou qui poussent à l'état sauvage en Europe et en Amérique du Nord proviennent d'une même espèce, la *Vitis vinifera*. Mais il y a des exceptions. En Amérique du Nord, des cépages issus de la *Vitis labrusca* donnent un vin au goût de framboise. Les grands cépages qui fournissent le raisin destiné à produire du vin ou à être mangé frais appartiennent tous à l'espèce *Vitis vinifera*, d'origine européenne, alors que le fruit de la *Vitis labrusca* est essentiellement utilisé comme raisin de table.

Il existerait aujourd'hui entre 5000 et 6000 cépages différents — certains parlent même de 8000 à 10 000 —, chacun possédant ses caractéristiques. Leurs fruits sont plus ou moins gros, acides ou sucrés, avec ou sans pépins, enveloppés d'une pellicule plus ou moins fine et dotés d'une couleur qui varie du jaune doré au jaune verdâtre pour le raisin blanc et du bleu au violet pour le raisin noir, lorsqu'ils sont mûrs. Les composants aromatiques sont également propres à chaque cépage. Certains ont un arôme plus floral et d'autres, un parfum plus végétal.

Les variétés de raisins de table
Le raisin de table se distingue généralement par de grosses grappes aux grains charnus, faciles à grappiller, pas trop juteux et à la pellicule (peau) épaisse. On les déguste fraîchement cueillis, nature ou comme ingrédients dans une préparation de dessert ou de viande. Voici quelques-uns des raisins de table les plus courants :

Alphonse Lavallée : grappes moyennes à grosses, formées de gros grains noirs bleutés, ronds et fermes avec une base légèrement aplatie. La peau est épaisse et croquante, et la pulpe, ferme, juteuse et faiblement aromatique. Il a été nommé en l'honneur du président de la société d'arboriculture fruitière, Alphonse Lavallée.

Autumn Royal : grappes moyennes, longues et compactes. Grains noir violacé, de forme ovale et à la peau fine. Pulpe blanche à la texture ferme et légèrement croquante, et à la saveur fine et douce. Ce sont les plus gros raisins sans pépins.

Cardinal : grosses grappes de forme conique. Gros grains ronds d'un rouge allant de violacé à noir et à la peau épaisse. La chair est ferme, un peu fibreuse et a un fort goût musqué.

Chasselas doré : grappes cylindriques de grosseur moyenne, formées de grains ronds d'un jaune doré et à la peau fine. La chair est juteuse, sucrée et fondante, et contient de nombreux pépins. Le chasselas de Moissac est reconnu AOC (appellation d'origine contrôlée).

Dattier de Beyrouth : grappes longues et coniques. Raisins blancs aux gros grains allongés et fermes, à la peau épaisse et à la pulpe charnue et croquante.

Italia : grappes assez grandes, cylindro-coniques. Très gros grains de forme ovale, d'un jaune doré ou verdâtre, devenant rosé à maturité. Peau épaisse, pulpe charnue et croquante, au goût légèrement musqué.

Lival : grappes moyennes à grosses, plutôt courtes. Les grains sont de grosseur moyenne, d'un noir bleuté et de forme légèrement allongée. La peau est moyennement épaisse et la pulpe, mi-ferme et très juteuse.

Muscat de Hambourg : grosses grappes de raisins noirs de grosseur moyenne et de forme un peu allongée. Sa peau est fine, sa chair, juteuse et sa saveur, musquée et sucrée. Il bénéficie d'une AOC (appellation d'origine contrôlée).

Red Globe : grandes grappes de taille et de forme irrégulières. Gros grains ronds à la peau épaisse qui peuvent peser 9 ou 10 g avec des grappes qui atteignent le kilo. Il est rougeâtre, ferme, croquant et très sucré.

Ribol : grappes moyennes à grandes, de forme conique. Gros raisins ovales à la peau épaisse et aux pépins assez durs. La chair est abondante et ferme.

Sultanine (Thompson) : grandes grappes coniques. Petits raisins de forme allongée à la mince enveloppe vert jaune. Il est sans pépins et a une saveur un peu parfumée.

David contre Goliath

Près de 80 % de la production mondiale de raisins sert à produire du vin. Seulement 13 % des raisins cultivés sont destinés à être mangés frais ou séchés. ◆

Les variétés de raisins de cuve

Les raisins de cuve sont pratiquement tous à jus blanc. Ceux dont la peau est blanche sont destinés à la production de vin blanc. Les raisins noirs donnent des vins blancs lorsqu'ils n'ont pas macéré et des vins rouges ou rosés quand ils ont franchi cette étape. Un raisin à la peau épaisse libérera davantage de tanins qu'un raisin à la fine pellicule, ce qui influera sur le vin produit. Parmi les cépages les plus connus, on retrouve les suivants :

Aligoté : arômes d'acacia, de noisette, de citron et de pêche. Donne des vins blancs légers et frais, à boire jeune.

Cabernet franc : dégage des odeurs de feuille, d'herbe verte, de fruit rouge, de réglisse, de fraise, de framboise et de violette. Produit des vins rouge clair, légèrement épicés avec un taux élevé de tanins.

Cabernet sauvignon : arômes de cassis, de cèdre, de chocolat, de poivron vert et de menthe, auxquels s'ajoute la vanille lorsque vieilli en fût de chêne. Donne des vins structurés au fort accent tannique.

Chardonnay : cépage de base du champagne aux odeurs de pêche, de poire, de litchi, de tilleul, de beurre, de pain grillé, d'agrumes et de brioche. Le vin qu'on en tire est vif, doté d'un goût fruité et d'une forte acidité.

Gamay : arôme fruité, avec des notes de framboise, de fraise des bois, de mûre et de cerise noire (parfois avec des notes poivrées et florales). Donne des vins frais, chaleureux, pauvres en tanins, avec des arômes de fruit rouge et de rose fanée, ainsi qu'un vin de dessert rosé et pétillant aux accents fruités.

Gewurztraminer : arômes de rose, de muscade, d'ananas, de litchi et de zeste d'agrumes. Produit des vins blancs très aromatiques, intenses, épicés, forts en alcool, mais pas trop secs.

Grenache blanc : arômes de fenouil, d'aneth, de melon, de nectarine blanche, de narcisse et de fleur de troène (un arbuste aux fleurs blanches et parfumées). Donne des vins blancs secs, amples, longs en bouche, mais qui manquent parfois d'acidité. Ces vins ont tendance à s'oxyder et ont un faible potentiel de garde.

Grenache noir : arôme de cerise noire douce avec des touches de figue sèche, de prune mûre, de tabac, de cacao, de café et de poivre blanc. On lui associe parfois la réglisse noire. Donne un vin rouge corsé et capiteux, fort en alcool et faible en acidité.

Merlot : arômes de cerise, de baies, de pruneau, de cuir, d'épices, de truffe et de violette. Donne des vins ronds en bouche, souples et corsés.

Pinot noir : arômes de framboise, de fraise, de cerise, de violette, de cassis, de cuir, de clou de girofle et de pruneau. Produit des vins bien charpentés, complexes, corsés et chaleureux, d'un rouge profond.

Riesling : arômes d'épinette, de citron, de minéraux, de pample-mousse et de cannelle. Donne des vins très parfumés et secs qui présentent généralement un bel équilibre entre richesse et acidité.

Sauvignon : arômes d'herbe coupée, de fruit vert, de minéraux, de menthe, de pomme et de pamplemousse. Les vins qu'on en tire sont toniques, parfumés et généralement acides et secs.

Syrah (shiraz) : mélange de cassis, de cerise, de chocolat noir, de framboise, de pruneau cuit, de réglisse et de sous-bois, avec une note poivrée et un arôme de cuir. Donne des vins tanniques avec une note savoureuse qui reste en bouche.

Zinfandel : arôme vif de mûre, avec des touches de framboise, d'épices et de confiture de fruits. Produit des vins riches, très colorés, forts en alcool et avec un taux de tanins moyen à élevé.

Raisin blanc ou rouge ?

Tous les raisins, même les noirs, peuvent faire du vin blanc. À l'exception de quelques variétés, tous les raisins ont un jus blanc. La couleur du vin vient de l'enveloppe du raisin et dépend du temps de macération du jus avec la peau. ◆

LA CULTURE DE LA VIGNE

Cultiver la vigne, que ce soit pour produire du raisin de table, destiné à être mangé frais, ou du raisin de cuve, qui sera pressé pour fabriquer du jus de raisin et du vin, est un métier exigeant.

La viticulture ne se limite pas à cultiver des vignes pour récolter du raisin. C'est un art qui consiste à planter des vignes en choisissant le meilleur mariage entre le cépage et le terroir. En effet, la qualité et le goût du raisin et du vin sont intimement liés à la variété du fruit, au porte-greffe (la racine de la vigne sur laquelle on greffe un bout de tige de la vigne mère), à la composition du sol et au climat.

Viticulteur *vs* vigneron
Le viticulteur cultive la vigne pour produire du raisin. Le vigneron, lui, est un viticulteur qui transforme son raisin en vin. ◆

La culture de la vigne nécessite un climat chaud ou tempéré et demande un certain ensoleillement. Les climats tempérés, qu'ils soient océanique, méditerranéen, lui sont particulièrement favorables. En dehors de ces régions, le raisin peut s'épanouir dans des zones de microclimats. Ainsi, on trouve des vignobles au Québec et sur les coteaux du Rhin, en Allemagne. Ces derniers seraient les plus nordiques du monde. On en trouve également dans des contrées désertiques comme l'Australie et le Chili, grâce à l'irrigation.

La vigne demande un sol léger, caillouteux et calcaire, sec ou bien drainé pour croître. Elle craint l'humidité susceptible de contribuer au développement de moisissures et de parasites. Ses fruits, eux, ont besoin de soleil et de chaleur pour atteindre la maturité et se gorger de sucre.

L'entretien de la vigne est un travail constant. Outre la taille annuelle, le viticulteur doit assurer le palissage, qui consiste à installer des fils de fer tendus auxquels la vigne pourra s'accrocher pour grimper. Des traitements préventifs contre les champignons et les parasites doivent aussi être faits.

Bien entretenue, la vigne peut vivre plus d'une centaine d'années. La vigne de Sarragachies, près du piémont pyrénéen, est l'une des plus anciennes de France. Sa plantation remonte à près de 200 ans, ce qui lui vaut d'être inscrite au titre de monuments historiques depuis 2012. En Champagne, la maison Bollinger produit une cuvée à partir d'un vignoble épargné par le phylloxéra, une maladie de la vigne causée par un puceron parasite, à la fin du XIXe siècle. La vigne la plus ancienne, la *stara trta de Maribor*, a 400 ans et pousse en Slovénie.

LA RÉCOLTE DU RAISIN OU LES VENDANGES

Le raisin atteint sa maturité à la fin de l'été ou au début de l'automne. C'est à ce moment-là qu'on procède aux vendanges, pour les raisins qui seront transformés en vin, ou à la cueillette, pour ceux qui seront consommés frais.

La période de cueillette du raisin de table ou la vendange pour les raisins de cuve est la même, soit entre les mois de juillet et d'octobre, selon les régions et les cépages cultivés. Les raisins blancs, par exemple, mûrissent plus tôt que les rouges et les raisins qui poussent en altitude connaissent une maturité plus tardive. La récolte s'enclenche lorsque le raisin a atteint sa maturité, c'est-à-dire quand le rapport entre le sucre et l'acidité s'est stabilisé au niveau désiré par le vigneron ou le viticulteur. La maturité est aussi une question de goût et de couleur. De vert qu'il était pendant sa période de croissance, le raisin rouge se colore et le blanc devient transparent. C'est le stade de concentration

maximale des molécules aromatiques et des tanins dans la pellicule du grain de raisin. Ces mêmes critères s'appliquent pour déterminer le moment du ramassage des raisins de cuve et des
raisins de table.

Vendange et vendanges

La vendange désigne la récolte du raisin destiné
à faire du vin, ainsi que le raisin récolté à
cette occasion. Au pluriel, le terme désigne
l'époque de la récolte : le temps des vendanges.
Le terme ne s'applique pas pour la récolte
du raisin de table. ◆

Vendange manuelle ou mécanique

Il existe deux grandes méthodes de cueillette ou de vendange :
manuelle et mécanique. La première indique que le raisin est
coupé à la main par des ouvriers, alors que la seconde implique
l'intervention d'une machine à vendanger, aussi appelée « vendangeuse », qui ramasse toutes les grappes, même celles qui
sont plus ou moins mûres ou abîmées.

On cueille toujours à la main le raisin de table afin de préserver les
grappes et d'assurer la vente d'un produit de qualité. Munis d'un
ciseau ou d'une serpette, les cueilleurs coupent le pédoncule des
plus belles grappes, qu'ils déposent délicatement dans un panier.
Les paniers sont ensuite vidés dans des hottes attachées au dos
de porteurs, qui les déposent dans de grosses caisses prêtes à être
envoyées pour la vente aux consommateurs.

La main-d'œuvre doit être soigneuse et, pour certains raisins de table, faire du ciselage. Le processus vise à retirer des grappes les grains abîmés ou qui manquent de maturité. Cette étape est nécessaire pour la récolte des raisins AOC, c'est-à-dire d'appellation d'origine contrôlée.

La vendange manuelle est aussi utilisée pour produire des vins de qualité supérieure et des vins effervescents. Dans les vignobles où les machines ne peuvent circuler, parce que le terrain est trop accidenté ou que les rangs de vignes sont trop serrés, elle reste la meilleure méthode pour ramasser le raisin. De plus, certaines récoltes, comme c'est le cas pour le beaujolais nouveau et le champagne, ne doivent se faire qu'à la main.

La vendange mécanique est plus rapide et moins coûteuse, mais elle entraîne une récolte moins sélective. La vendangeuse, une machine qui secoue les vignes pour en faire tomber les grains sur un tapis ou dans des godets, ramasse tout. Ensuite, elle sépare le raisin des résidus, transporte les raisins récoltés et les transfère dans les bennes de transport. Elle peut même travailler la nuit. Par contre, la vendangeuse ne peut être utilisée que sur des parcelles de terre accessibles, dans des vignes taillées et palissées, une technique qui consiste à attacher les vignes sur des fils de fer ou des structures de bois pour en favoriser la croissance ordonnée. La méthode est utilisée pour la production de vins de qualité courante.

Rituels de vendanges

Jadis, les régions viticoles avaient toutes leurs rituels mettant en vedette le raisin pour les fêtes des vendanges. Cette tradition, toujours présente, remonte à des centaines d'années ; elle tend à disparaître, bien qu'on remarque un regain d'intérêt auprès du public depuis quelques années.

En Auvergne, les cueilleurs se barbouillaient le visage de raisin, alors que ceux de la Brie se livraient bataille en utilisant des raisins en guise de munition. Ces batailles de raisins existent toujours, notamment à Pobla del Duc, près de Valence, en Espagne. Partout en France, jusqu'à la Première Guerre mondiale, les vendangeurs formaient un cortège derrière les voitures qui transportaient le raisin à la fin de la récolte. Des défilés similaires sont toujours organisés dans certains villages, entre autres dans la cité médiévale de Saint-Émilion, dans la région de Bordeaux.

Dans le Médoc, on propose plutôt un marathon avec des kiosques de dégustation de vins, de foie gras, de fromages et de charcuteries tout au long du parcours. Il semble que le marathon soit particulièrement long et que les participants ne marchent pas toujours droit jusqu'au fil d'arrivée ! ◆

LES PRODUITS DÉRIVÉS DE LA VIGNE

Les raisins secs

Les raisins secs sont des raisins frais qui ont été séchés au soleil ou au vent. Il en existe plusieurs variétés, tels que le raisin de Corinthe, de Smyrne (Izmir), de Malaga (provenant du muscat d'Alexandrie), la sultanine et le raisin blond ou doré. La presque totalité (95 %) des raisins secs actuellement sur le marché provient de la sultanine, un cépage blanc aussi connu sous le nom de *Thompson Seedless*. Viennent ensuite le *Fiesta* qui accapare 3 % des ventes et le *raisin de Corinthe*, un cépage noir qui détient environ 1,5 % du marché.

Les méthodes de séchage du raisin varient selon les régions, mais trois méthodes se distinguent. Les grappes peuvent être suspendues à des fils ou laissées sur pied afin de sécher au soleil. On peut aussi les accrocher dans un hangar aéré pour laisser le vent faire son travail. La troisième option consiste à plonger les grains dans de l'eau très chaude (entre 87 et 93 °C) pendant 15 à 20 secondes, puis à les passer dans des tunnels de déshydratation pendant 20 à 24 heures.

Le processus de séchage s'accompagne d'oxydations enzymatiques et d'un brunissement du fruit qui permettent de développer la couleur et la saveur des raisins séchés. Ils en modifient aussi la composition. Ainsi, les tanins condensés du raisin frais sont introuvables dans les fruits séchés, probablement victimes d'une dégradation. Au contraire, les raisins secs contiennent davantage de flavonoïdes, une substance vitaminique qui agit comme antioxydant. On remarquera une teneur très élevée en resvératrol, un autre antioxydant reconnu pour ses propriétés antivieillissement. Une trentaine de grammes de raisins secs en contiendrait autant qu'un litre et demi de pinot noir.

Pour éviter le brunissement des raisins et obtenir des raisins secs blonds, on traite les grappes de raisins sultanines (*Thompson*) à l'anhydride sulfureux SO_2. Quant à l'aspect brillant de certains raisins secs du commerce, il provient de l'huile de palme utilisée pour les enrober afin d'éviter qu'ils ne collent ensemble et pour ralentir la déshydratation qui peut se poursuivre une fois les raisins secs emballés.

Secs et victorieux
Dans l'Antiquité, on attribuait la victoire du général carthaginois Hannibal sur les Romains aux raisins secs, puisqu'il aurait fait traverser les Alpes à ses soldats en les nourrissant de ces baies séchées. ◆

Des réserves pour la route
Partis à la découverte du Nouveau Monde, Christophe Colomb et les équipages de la Niña, de la Pinta et de la Santa Maria auraient pris soin d'emporter des raisins secs pour prévenir le scorbut pendant leur traversée de l'Atlantique sur les trois célèbres navires. ◆

Le marc de raisin

Le marc de raisin est composé des restes de pellicule, de rafle et de pépins de raisin récoltés après le pressage du fruit. Un mélange très aromatique à ne pas confondre avec le moût, qui désigne le jus obtenu à l'issue du foulage ou du pressurage du raisin avant sa fermentation. Autrement dit, le marc est constitué des résidus solides et le moût des résidus liquides qui sont retirés du pressoir lors du processus d'extraction du jus en vue de produire du vin.

Le marc, c'est aussi le nom d'une eau-de-vie obtenue par la distillation du marc de raisin fermenté. Le marc est chauffé de façon que les liquides qu'il contient s'évaporent. Les vapeurs sont ensuite refroidies pour qu'elles se condensent. Chaque substance ayant un point d'ébullition qui lui est propre, il est possible de sélectionner la matière condensée. Le mélange subit ensuite une seconde distillation, soit en deux chauffes, comme dans le cas du cognac, ou en continu, comme pour l'armagnac. Le mélange obtenu est vieilli en fût de chêne pendant deux à cinq ans. Durant cette période, il développe de nouveaux parfums et change de couleur pour prendre une teinte qui varie du jaune paille à l'ambre. Une fois embouteillée, l'eau-de-vie se conserve des dizaines d'années. On la déguste souvent en digestif ou on l'ajoute dans des recettes de desserts.

Mar et marc
Contrairement au prénom masculin, le « c » final du marc de raisin ne se prononce pas. On parle donc de « mar » de raisin. ◆

Le marc est produit dans plusieurs régions de France et de nombreuses appellations sont très connues, comme l'eau-de-vie de marc de Beaujolais, l'eau-de-vie de marc d'Alsace et l'eau-de-vie de marc de Bourgogne. L'eau-de-vie de marc produite en Italie porte quant à elle l'appellation de *grappa*.

Le jus de raisin

Le jus de raisin est une boisson préparée à partir de grains de raisin, comme le vin, l'étape de fermentation en moins. Il contient de 15 à 25 % de glucides, des vitamines B et P, du potassium, des fibres, ainsi que d'autres sucres.

Les raisins destinés à la production du jus peuvent être blancs ou noirs et les deux types de raisin font d'excellents jus. La qualité dépend davantage du cépage et des teneurs en sucre. Les producteurs vont chercher des variétés de raisin produisant des jus plus acides et moins sucrés que les vignerons, qui réclament des grains riches en sucre... et en alcool.

La transformation du raisin en jus

La transformation du raisin en jus commence par l'éraflage. Les grains sont séparés des rafles des grappes avant de passer au fouloir, où ils sont écrasés pour faciliter le pressurage. À cette étape, on presse le raisin pour en extraire le jus. Le liquide est porté à 100 °C pendant 30 secondes, puis immédiatement refroidi pour une première pasteurisation. Le jus est entreposé dans une cuve stérile, puis filtré, avant de subir une seconde pasteurisation pour garantir une conservation parfaite. Le produit est ensuite prêt à être embouteillé.

Le jus de raisin est fragile et fermente rapidement sous l'action des levures naturelles du fruit. Pour cette raison, il a longtemps été consommé uniquement au vignoble, pendant la période des vendanges. La seule façon de le conserver était d'ajouter du miel et des épices pour rehausser le taux de sucre et ralentir la progression des microorganismes, ou encore de le porter à ébullition pour augmenter sa teneur en sucre. C'était avant la pasteurisation, qui a permis de prolonger la durée de conservation du liquide sans en modifier le goût ni en altérer les qualités nutritionnelles. Aujourd'hui, on trouve dans le commerce aussi facilement des jus de raisin pasteurisés que des jus non pasteurisés.

L'huile de pépins de raisin
On tire des pépins de raisin une huile utilisée aussi bien en médecine qu'en cuisine et en cosmétologie.

Selon les conditions climatiques, les variétés de raisin et le degré de maturation des fruits, on peut extraire entre 5 et 20 % d'huile des pépins de raisin, la moyenne oscillant entre 12 et 13 %. Le processus est cependant délicat si on veut préserver les vertus nutritionnelles et les antioxydants contenus dans les pépins de raisin.

> ### 500 kg de raisins pour 1 litre d'huile !
> La production d'un litre d'huile exige près de 50 kg de pépins de raisin, soit environ 500 kg de fruits. Dans un vignoble, le processus de vinification rejette suffisamment de pépins de raisin pour fournir un demi-litre d'huile pour chaque hectolitre (100 litres) de vin produit. ◆

L'huile de pépins de raisin est le résultat du pressage des pépins provenant des distilleries. Les noyaux mis de côté lors de la production du vin sont séchés, nettoyés, puis broyés jusqu'à l'obtention de petites boules d'une substance un peu pâteuse. Suit une première extraction effectuée par pressage à froid ou à chaud.

Pressage à froid et pressage à chaud
Le pressage à froid se fait à l'aide d'une presse hydraulique, ce qui permet de conserver intacte la teneur en antioxydants et en micronutriments des pépins de raisin. L'huile est ensuite décantée, filtrée et embouteillée, sans raffinage supplémentaire. Elle est vendue sous l'appellation d'huile vierge.

Le pressage à chaud consiste à chauffer la pâte à une température se situant entre 80 et 120 °C en y ajoutant des produits chimiques pour en retirer un maximum d'huile. Le mélange obtenu – appelé huile brute, huile crue, huile non raffinée et parfois huile naturelle – est très coloré ; on doit le raffiner pour en éliminer tous les produits chimiques. Le processus comporte plusieurs étapes qui visent, entre autres, à prévenir l'oxydation et la cristallisation de l'huile et à éliminer les substances susceptibles de la faire rancir. Ce raffinement retire cependant une partie de la couleur, du goût et des apports nutritionnels de l'huile vendue sous l'étiquette d'huile raffinée.

Dans les deux cas, le résultat est une huile végétale fluide, de couleur claire ou d'un jaune vert, presque inodore, dont la douce saveur rappelle la noisette. Riche en antioxydants, elle est reconnue pour protéger le système cardiovasculaire et stabiliser les taux de cholestérol et de lipides dans le sang.

Les vinaigres tirés du raisin

Le vinaigre est un vin qui, sous l'effet de certaines bactéries, a tourné à l'aigre. Il provient donc du vin ou d'un autre liquide alcoolisé modifié par fermentation.

Le vinaigre est connu au Proche-Orient et en Chine depuis au moins 5000 ans. Les Égyptiens l'utilisaient pour conserver les aliments, à l'abri des bactéries. Les Romains et les Grecs, eux, s'en servaient pour assaisonner leurs plats et le buvaient mélangé à de l'eau. Dès l'Antiquité, on l'appréciait pour sa saveur, pour sa capacité à étancher la soif, ainsi que pour ses vertus antiseptiques. Le vinaigre était alors utilisé comme condiment et on exploitait ses propriétés thérapeutiques en l'aromatisant avec des fleurs, des fruits ou des herbes aux vertus antiseptiques.

Louis Pasteur et les mystères du vinaigre

Au Moyen Âge, la fabrication du vinaigre devient un métier et on voit naître une petite industrie qui sait fabriquer le produit, mais qui ignore tout des principes derrière l'acétification, soit la transformation d'un alcool par fermentation. Il faudra attendre Louis Pasteur pour comprendre, en 1865, comment l'alcool se transforme en acide acétique. Le scientifique français montre que c'est une bactérie présente dans l'air, nommée *Mycoderma aceti* (*Acetobacter*), qui, en fixant l'oxygène de l'air sur l'alcool, le transforme en acide. Ces bactéries se multiplient au cours de la fermentation acétique, formant un voile blanchâtre, appelé « mère de vinaigre ». ◆

La fabrication du vinaigre nécessite deux fermentations. Lors de la première, de nature alcoolique, le sucre du liquide de départ est transformé en alcool par des levures de type *Saccharomyces*. Le mélange alcoolisé est ensuite soumis à une fermentation acétique pendant laquelle des bactéries de type *Acetobacter* transforment l'alcool en acide acétique en introduisant de l'oxygène au liquide. Le vinaigre est alors soumis à une période de vieillissement plus ou moins longue pendant laquelle il acquiert sa couleur et ses arômes.

Le vinaigre doit son goût aigre principalement à l'acide acétique. Mais il contient bon nombre d'autres acides, dont l'acide malique, l'acide citrique et l'acide tartrique. La saveur particulière des différents vinaigres vient du bois dans lequel il a été préparé et vieilli, ainsi que des arômes de la matière de départ dont l'éventail est large : raisin, riz, miel, pommes, etc. En effet, tout ce qui contient du sucre, et donc potentiellement de l'alcool, peut donner du vinaigre. Le raisin nous en donne au moins trois types : le vinaigre de vin, le vinaigre balsamique et le vinaigre de xérès.

Le vinaigre de vin
Le vinaigre de vin est obtenu à partir du vin : rouge pour le vinaigre de vin rouge et blanc pour le vinaigre de vin blanc. Les plus chers et les meilleurs sont faits de cépages spécifiques (muscadet, chardonnay, etc.) et sont vieillis dans des tonneaux de bois pendant un maximum de deux ans. Ils présentent un goût complexe et une saveur douce où l'on distingue les arômes de vin. Les vinaigres de vin d'entrée de gamme sont fabriqués à partir de jus de raisin fermenté.

Le vinaigre balsamique
Le vinaigre balsamique s'obtient par la fermentation acétique du jus de raisins blancs, cueillis lorsqu'ils sont gorgés de sucre. Le jus est porté à ébullition pour concentrer les sucres. Le mélange est ensuite versé dans un baril de chêne, où il vieillira à des températures alternant entre le chaud et le froid. Pendant cette période, le vinaigre est transféré chaque année dans des barils de plus en plus petits, faits de différentes essences de bois. À mesure que le moût fermente et qu'il se concentre par évaporation, les sucs et les arômes se développent, adoptant des notes boisées, et l'acidité diminue. Au final, le vinaigre balsamique, d'une teinte sombre, a une saveur à la fois douce et acide, légèrement sucrée.

Le vinaigre de xérès
Le vinaigre de xérès est produit à partir du vin espagnol du même nom gardé en fût au moins six mois. La période de vieillissement atteint deux ans pour les vinaigres « Jerez Reserva ». Des cuvées spéciales sont vieillies pendant 20, 40 et même 80 ans.

Le vieillissement se fait dans des tonneaux de chêne de 500 litres empilés en hauteur sur trois rangées, celles du bas contenant les plus vieux vinaigres. Lors de l'embouteillage, on retire seulement un tiers du contenu des tonneaux pour le remplacer par du vinaigre plus jeune provenant des tonneaux de la rangée supérieure. Ce retrait dans la seconde rangée est comblé par l'ajout de vinaigre jeune provenant de la rangée supérieure. Cette technique, appelée *solera*, permet une alimentation continue, une période de vieillissement stable et le maintien des conditions de fabrication d'une année à l'autre.

Vinaigre balsamique : distinguer le vrai du faux

La fabrication du vinaigre balsamique répond à des critères stricts, dont celui d'être produit avec du raisin blanc *Trebbiano* provenant de la région de Modène, en Italie. L'*Aceto Balsamico Tradizionale di Modena* ou *di Reggio Emilia* est le seul considéré comme authentique. Fabriqué en quantité limitée, il doit avoir vieilli au moins 12 ans en baril, alors que l'« extra-vecchio » doit y avoir passé plus de 25 ans.

Les produits qu'on trouve en épicerie sont généralement de « faux » vinaigres balsamiques de fabrication industrielle. Ils sont produits grâce à l'ajout de sucre au moût de raisin plutôt que par réduction. Les meilleurs sont ceux qui sont faits d'un mélange de moût de raisin cuit et de vieux vinaigre de vin, vieilli en tonneau.

Parce qu'il s'en produit moins de 10 000 litres par année, les vinaigres balsamiques « *extra-vecchio* » peuvent se vendre plus de 100 dollars les 100 ml, ce qui confère à ce produit le titre de vinaigre le plus cher du monde. Mais ne dit-on pas qu'il suffit d'une goutte pour transformer un plat ? ◆

Le vinaigre de xérès est reconnu pour sa couleur ambrée, son arôme boisé et son goût de noix et de vin fortifié. Il est aussi le seul qui peut contenir jusqu'à 3 % d'alcool. D'une finesse semblable à celle du vinaigre balsamique, il est toutefois beaucoup moins cher.

Les feuilles de vigne

La vigne rouge (*Vitis vinifera var. tinctoria*) est la seule vigne, parmi toutes celles qui produisent du raisin, dont les feuilles sont utilisées en phytothérapie. Aussi appelée «vigne des teinturiers», elle se caractérise par des raisins noirs à pulpe rouge et des feuilles qui rougissent à l'automne.

Les feuilles de vigne rouges doivent aux anthocyanes les pigments qui leur donnent leur coloration automnale et leurs propriétés bénéfiques pour la santé. Ces anthocyanes ont des effets similaires à ceux de la vitamine P qui renforce les vaisseaux sanguins et réduit leur perméabilité. Elles contiennent des tanins, des sucres, de la vitamine C et des sels minéraux. Elles sont aussi riches en polyphénols et en flavonoïdes, des substances antioxydantes essentielles pour lutter contre les maladies cardiovasculaires.

Une fois séchées, les feuilles de vigne entrent dans la fabrication de nombreux produits de phytothérapie. En infusion ou en décoction, elles exercent un effet tonique dans le traitement de l'insuffisance veineuse : jambes lourdes, varices et poussées d'hémorroïdes. On les recommande notamment aux personnes qui souffrent de problèmes circulatoires ou dont les capillaires sont fragiles et qui présentent des hématomes au moindre choc.

Les feuilles de la pudeur

L'usage d'une feuille de vigne pour cacher le sexe des nus remonte à la Renaissance, en Italie, où elle a remplacé la feuille de figuier. De nombreuses œuvres d'art, peintures et sculptures ont alors été retouchées ou altérées pour ne pas choquer le passant. Ces modifications portent le nom de « surpeint » ou « repeint de pudeur ». ♦

La feuille de vigne se retrouve aussi dans les cuisines où elle entre dans la préparation de mets fins, comme les très réputées feuilles de vigne farcies de la gastronomie grecque.

Les vertus

médicinales du raisin

« Si on avait toujours des cerises et des raisins, on pourrait se passer de médecin. »

Proverbe savoyard

À CHAQUE MAL SON REMÈDE

Les pépins de raisin, les sarments et les feuilles de vigne apparaissent dans la pharmacopée humaine dès l'Antiquité.

Au Moyen Âge, les médecins incorporent le vin dans la préparation de nombreux remèdes en plus de le prescrire comme traitement préventif à presque tous leurs patients pour les fortifier et leur donner de l'énergie. On en donne même aux enfants !

Les vins blancs et les vins doux sont conseillés pour dissiper la fatigue lors des longs voyages et les vins rouges sont recommandés après une perte de sang, que ce soit à la suite d'une blessure ou d'une saignée (un traitement très prisé à l'époque et qui consistait à ouvrir une veine ou une artère pour provoquer l'évacuation d'une certaine quantité de sang). Le verre de rouge est réputé pour donner des forces aux femmes qui viennent d'accoucher, aux nourrices qui ne parviennent pas à donner du lait et aux convalescents. Le vin est aussi prescrit pour favoriser la digestion, éliminer les flatulences et prévenir les diarrhées. Les personnes qui souffrent d'une maladie du foie ou de dérèglements biliaires n'ont cependant pas droit au vin puisqu'on commence déjà à comprendre les risques pour la santé qu'entraîne une consommation excessive d'alcool. On boit donc le vin sur conseil du médecin, en le coupant d'un peu d'eau.

Au XVIIe siècle, on s'intéresse aux bienfaits du raisin. Le fruit frais est recherché pour ses propriétés purifiantes, désintoxicantes et diurétiques. Son efficacité contre la fièvre et les angines est reconnue et on commence à découvrir ses autres vertus, ce qui se traduira par l'apparition des cures de raisin au milieu du XIXe siècle.

LE RAISIN, UNE VÉRITABLE MINE D'OR

Le raisin est constitué à 80 % d'eau et à 17 % de glucides. Ces glucides sont en majorité des sucres simples (le glucose et le fructose), présents en quantités égales et assimilés facilement par l'humain. On y trouve aussi une petite proportion de saccharose. Les autres composants du raisin sont des lipides (0,8 %), des protides (1 %) et des fibres alimentaires (0,5 %). Ces fibres sont constituées de cellulose, un glucide utile au bon fonctionnement des intestins, de pectines et d'hémicellulose, un glucide insoluble proche de la cellulose, ainsi que de mucilages, abondants dans la pulpe. Ces données ne tiennent pas compte des pépins qui, selon les variétés, représentent de 3 à 5 % du poids total du grain et renferment beaucoup de lignine, une substance organique qui rend les cellules imperméables et rigides.

Les glucides fournissent l'essentiel de l'apport énergétique du raisin. Cet apport en fait une excellente source d'énergie et un des fruits les plus caloriques, renfermant entre 60 et 80 calories par 100 g. Seule la banane en fournit davantage (90 calories par 100 g). Le raisin est également riche en sucres, affichant une masse qui peut atteindre 20 g, soit 20 % du fruit à pleine maturité. Cette proportion est deux fois plus élevée que celle de la plupart des autres fruits qui, elle, ne dépasse pas 12 %. Le raisin fournit de l'énergie que le corps peut utiliser rapidement puisqu'il est composé de sucres simples auxquels s'ajoutent des acides organiques naturels et des vitamines du groupe B, nécessaires à une bonne métabolisation des sucres.

VALEUR NUTRITIVE DU RAISIN FRAIS

Composants	Raisins frais rouges ou verts (par 100 g)
Apport énergétique	72 calories (en moyenne)
Glucides	18,1 g
Protéines	0,72 g
Lipides	0,16 g
Eau	80,54 g
Fibres	1,2 g
Sucres (autres glucides)	15,48 g
Vitamine C (acide ascorbique)	4 mg
Provitamine A (carotène)	0,03 mg
Vitamine B_1 (thiamine)	0,04 mg
Vitamine B_2 (riboflavine)	0,02 mg
Vitamine B_3 ou PP (nicotinamide)	0,3 mg
Vitamine B_5 (acide pantothénique)	0,05 mg
Vitamine B_6 (pyridoxine)	0,1 mg
Vitamine B_9 (acide folique)	0,015 mg
Vitamine E (tocophérols)	0,7 mg

Source : Agence pour la recherche et l'information en fruits et légumes frais (APRIFEL) http://www.aprifel.com et Santé Canada. Fichier canadien sur les éléments nutritifs, 2010.

Une question de cépage

Les propriétés vitaminiques du raisin dépendent en partie du cépage et de sa maturité, mais surtout de sa couleur. Le raisin noir est généralement plus riche en vitamines du groupe B que le raisin blanc et il renferme plus de composés ayant une activité « vitamine P ». Ces composés sont des pigments anthocyaniques et des polyphénols qui renforcent la résistance des capillaires sanguins et augmentent l'absorption de la vitamine C. Ainsi, l'effet des 4 mg pour 100 g de vitamine C présents dans le raisin — une petite quantité pour un fruit — est plus important que ce que laisse croire sa faible présence. ◆

On trouve aussi dans le raisin des acides organiques : un mélange d'acide tartrique, un acide organique naturel caractéristique du raisin, et d'acide malique, auquel s'ajoutent des traces d'acide citrique et de quelques autres acides organiques plus rares. Ces acides donnent au raisin sa saveur rafraîchissante et son équilibre. Ils stimulent la digestion, ce qui facilite l'assimilation des nutriments par l'organisme.

LES VERTUS DU RAISIN FRAIS ET DU JUS DE RAISIN

Un allié de la santé cardiovasculaire
Le raisin contient plusieurs types de polyphénols, dont les flavonoïdes. C'est à ces derniers que les fleurs, les fruits et les légumes doivent leurs couleurs. Ils renforcent la résistance des capillaires, petits vaisseaux sanguins du corps humain, et ont des actions anti-inflammatoires et antioxydantes. Ces antioxydants contribuent à prévenir l'apparition de maladies cardiovasculaires, de certains cancers et de diverses maladies chroniques, en freinant l'action des radicaux libres. Le resvératrol qu'on trouve dans la pellicule du raisin, donc dans le fruit frais, mais également dans le jus de raisin et le vin rouge, aurait un effet cardioprotecteur grâce à ses propriétés antiplaquettaires. En effet, le resvératrol freine l'agglutination des plaquettes qui peuvent former des caillots entre elles ou en adhérant aux parois des vaisseaux sanguins.

Au cours des dernières années, plusieurs études ont démontré que la consommation de jus de raisin rouge chez l'humain était associée à une plus grande élasticité des vaisseaux sanguins (capacité de se dilater et de se contracter) et à une diminution du nombre de caillots de sang, avec pour effet une amélioration de la circulation. En réduisant ainsi la fatigue cardiaque, on diminue les risques d'accident vasculaire cérébral (AVC). Les chercheurs ont observé une baisse de l'oxydation du cholestérol LDL, le « mauvais » cholestérol, c'est-à-dire une diminution de son accumulation sur la paroi des vaisseaux sanguins, une des principales causes de l'artériosclérose. Lorsque le cholestérol est oxydé, il peut aussi provoquer des lésions vasculaires ou contribuer à créer des lésions dégénératives.

Dans le cadre de ces études, les chercheurs ont constaté que la consommation de jus de raisin rouge contribuait non seulement à diminuer le taux de «mauvais» cholestérol, mais aussi à augmenter celui du «bon» cholestérol (HDL). Cet effet sur le cholestérol serait attribuable à la présence de fibres solubles dans le raisin. On peut donc croire que le raisin frais aurait le même effet que le jus à cet égard. La consommation de jus a aussi été associée à une baisse de la tension artérielle, qui a également un effet cardioprotecteur.

Raisin rouge ou raisin vert ?

Le raisin rouge serait deux fois plus riche en polyphénols que le vert. On peut donc penser qu'il a un pouvoir antioxydant deux fois plus élevé. Pour le reste, il n'y aurait pas de différences majeures entre les propriétés associées à chaque couleur de raisin. ◆

Une arme potentielle contre le cancer

Le raisin compte de nombreux flavonoïdes pouvant neutraliser une enzyme, la *topoisomérase humaine II*, qui joue un rôle majeur dans l'apparition du cancer. Ces flavonoïdes aideraient particulièrement à la prévention des cancers du système digestif. Des chercheurs de l'Université de l'Illinois ont constaté que la consommation de jus de raisin entraînait une baisse de la multiplication des cellules cancéreuses du sein et une diminution du poids des tumeurs cancéreuses en fonction de la quantité de jus ingérée... chez les rats. Cette étude s'ajoute à trois études *in vitro* qui démontrent que le jus de raisin a des effets protecteurs contre les cancers du côlon et des globules blancs. D'autres études devront être menées afin de déterminer si ces résultats peuvent s'appliquer à l'être humain.

Le resvératrol, un antioxydant présent dans le raisin et le vin rouge, agirait quant à lui avec efficacité pour freiner le développement de tumeurs cancéreuses pendant trois étapes du développement de la maladie (initiation, promotion et progression), selon une étude menée à l'Université de l'Iowa, aux États-Unis. Administré à des souris, le resvératrol a permis de réduire le nombre de tumeurs cutanées de 98 %. Cette substance éradiquerait les cellules cancéreuses et inhiberait le développement de métastases osseuses dans le cas de certains cancers, notamment les cancers du sein, du rein et du pancréas. D'autres études menées en laboratoire montrent que le resvératrol pourrait aussi prévenir le développement des cancers du sein, du côlon et de l'œsophage.

Des études ont montré que le resvératrol protège les cellules saines des effets négatifs de la chimiothérapie, ce qui permet d'améliorer les résultats du traitement. Le jus de raisin, pour sa part, réduit efficacement la fréquence des nausées et des vomissements chez des patients traités en chimiothérapie. Ces résultats, obtenus par les chercheurs de l'Université de Rochester dans l'État de New York, devront cependant être confirmés.

Un effet antioxydant
Les polyphénols du raisin, grâce à leurs propriétés antioxydantes, pourraient aider à contrer le stress oxydatif, selon les expériences *in vitro* menées par des chercheurs de l'Université Laval, à Québec. Le stress oxydatif survient lorsque le corps n'arrive plus à contenir les effets néfastes des radicaux libres qui agressent et dénaturent

les protéines, les lipides, les sucres, l'ADN et les cellules. Il est la cause principale du vieillissement, mais peut aussi favoriser l'apparition des maladies d'Alzheimer ou de Parkinson, attribuables à la dégénérescence des cellules.

Qu'est-ce que les antioxydants ?

Les antioxydants sont des composés qui protègent nos cellules contre les radicaux libres, des molécules qui sont à l'origine de nombreuses maladies chroniques et de cancers. Les vitamines C et E, le sélénium, les caroténoïdes (bêta-carotène, lycopène et lutéine) et les polyphénols sont parmi les principaux antioxydants. Comme les autres membres de la famille, ils agissent contre le vieillissement des cellules, réduisent les risques de maladies cardiovasculaires, aident à prévenir certains cancers et contribuent à faire baisser le taux de « mauvais » cholestérol. ◆

Des propriétés diurétiques et laxatives

Sa forte teneur en potassium confère au raisin des propriétés diurétiques largement mises de l'avant pendant les cures uvales (des cures de raisin) visant à débarrasser l'organisme de ses toxines. Le potassium est un des minéraux dominants dans la composition du raisin, avec un taux de 250 mg aux 100 g. À l'inverse, le taux de sodium ne dépasse pas 2 mg. Ce rapport élevé entre le potassium et le sodium explique pourquoi le raisin stimule les reins et le système lymphatique, favorisant ainsi une action diurétique.

Dans une action complémentaire, l'acide tartrique et les fibres du raisin facilitent le transit intestinal. Problème de constipation chronique? Le jus de raisin s'avère un bon remède grâce à ses propriétés laxatives. Mais attention de ne pas en prendre trop! La quantité à ne pas dépasser varie d'une personne à une autre, mais boire un ou deux verres de jus apportera les bienfaits du raisin, sans les inconvénients.

Choisir un bon jus

Pour profiter au maximum des bienfaits d'un jus de raisin, il faut choisir le produit le plus naturel possible. Exit les punchs, cocktails et boissons qui désignent souvent un mélange d'eau, de sucre, d'essences naturelles ou artificielles et parfois d'additifs divers. Seuls les jus sont obtenus directement du raisin ou par dilution d'un concentré, conservant ainsi les éléments nutritifs présents naturellement dans le fruit.

Un bon jus de raisin ne doit contenir ni sucre ajouté ni édulcorants artificiels, des substances qui se cachent sous les noms de glucose, fructose, dextrose, maltodextrine, sirop, vesou, sucralose, aspartame, acésulfame-potassium ou acésulfame-K. ◆

Un stimulant des fonctions cognitives

Le jus de raisin pourrait nous aider à nous souvenir et à améliorer nos fonctions cognitives. C'est ce que laissent entendre des études menées chez l'animal et qui révèlent qu'un régime enrichi accompagné de raisin bloquerait partiellement l'évolution de la maladie d'Alzheimer et limiterait la dégénérescence ainsi que la perte des cellules cérébrales. Du moins, chez les souris. D'autres études menées sur des rats ont démontré qu'il existe un lien entre la consommation de raisin et la mémoire, les capacités motrices et les facultés cognitives. Les recherches chez l'homme en sont encore à leurs débuts, mais déjà une étude menée à l'Université de Cincinnati, aux États-Unis, indique que l'ajout d'un demi-litre de jus de raisin à l'alimentation quotidienne de personnes en perte de mémoire, sans signes de démence, améliorerait leurs fonctions cognitives.

Des pouvoirs expectorants et anti-inflammatoires
Le raisin est un expectorant naturel et il renforce le système respiratoire. Ses vertus anti-inflammatoires pourraient soulager l'irritation qui accompagne la toux persistante. Pour la calmer, il est conseillé de verser une cuillère à café de miel dans un verre de jus de raisin.

Le raisin aurait aussi des propriétés anti-inflammatoires, attribuables au resvératrol, efficaces pour calmer les douleurs articulaires et arthritiques. Des chercheurs ont observé, lors d'études préliminaires, que les souris qui avaient reçu du resvératrol résistaient mieux à l'injection d'agents inflammatoires. Des résultats qui, encore une fois, devront être confirmés.

Des propriétés antibiotiques
Finalement, le raisin pourrait empêcher la prolifération des bactéries buccales les plus virulentes, responsables de l'apparition des caries dentaires et de maladies parodontales.

LA CURE UVALE

La cure uvale (ou cure de raisin) était très populaire en Europe pendant la seconde moitié du XIXe siècle et au début du siècle suivant. En France, elle a même reçu l'approbation de l'Académie impériale de médecine (aujourd'hui l'Académie nationale de médecine) en 1933. Les curistes venaient consommer du raisin dans des centres de cure pour se remettre en forme et se protéger des maladies cardiovasculaires.

Les bienfaits qu'on attribue aujourd'hui à la cure de raisin sont multiples. Elle favoriserait le drainage profond des reins et du foie, permettrait de faire baisser le taux de « mauvais » cholestérol, assainirait la peau, soulagerait les intestins et aurait une action de désintoxication, de purification et de reminéralisation du corps. Il suffirait de quelques jours pour en ressentir les effets : regain d'énergie, bonne digestion, sommeil réparateur, meilleure concentration et teint éclatant. On note aussi chez certains individus une plus grande sensibilité de l'odorat et du goût.

Le principe est simple. Il s'agit, au moins une fois par année, de se nourrir uniquement de raisins pendant quelques jours pour mettre le système digestif au repos et nettoyer son organisme. La théorie derrière les cures de détoxification avance que le corps absorbe des substances toxiques lorsqu'on consomme trop de mauvais gras et d'aliments raffinés, et qu'on s'expose à la pollution environnementale. Ces toxines encombrent les poumons, les reins et le côlon, empêchant le corps de faire son travail de nettoyage. Nombre de nutritionnistes et de médecins contestent l'utilité de ces cures, estimant que le corps n'a pas besoin d'aide pour éliminer ses toxines. D'autres médecins pensent, au contraire, que les cures permettent d'améliorer l'alimentation des personnes qui les suivent et de stimuler les capacités d'élimination des émonctoires (foie, reins, intestins, etc.).

Attention aux pesticides !
Une partie importante des raisins vendus sont porteurs de résidus de pesticides (dont, exceptionnellement, des molécules interdites en Europe et dans les différents pays producteurs), qui pourraient affecter la santé. Il est donc primordial de bien les nettoyer avant de les consommer. ◆

LES VERTUS DU RAISIN SEC

Le raisin sec, comme tous les fruits séchés, contient beaucoup moins d'eau que sa version fraîche. La proportion est de 20 à 30 %, comparativement à 80 à 90 % pour le raisin frais. Il est par contre beaucoup plus sucré et plus calorique. Son apport énergétique est de 3 à 5 fois plus élevé que celui du raisin frais. Mais ces calories sont accompagnées de substances utiles et souvent déficitaires dans l'alimentation, comme les fibres, le magnésium et le fer.

Le taux de glucides des raisins secs est beaucoup plus élevé que celui des raisins frais. Il reste toutefois composé en majorité de fructose et de glucose, des sucres facilement assimilables par le corps humain.

VALEURS NUTRITIVES COMPARÉES DES RAISINS FRAIS ET DES RAISINS SECS

Composants	Raisins frais (par 100 g)	Raisins secs de Corinthe (par 100 g)
Apport énergétique	72 calories	280 calories
Glucides	18,1 g	74,8 g
Protéines	0,72 g	4,08 g
Lipides	0,16 g	0,27 g
Eau	80,54 g	19,21 g
Fibres	1,2 g	6,8 g
Sucres (autres glucides)	15,48 g	67,28 g
Vitamine C (acide ascorbique)	4 mg	1 mg
Provitamine A (carotène)	0,03 mg	0,03 mg
Vitamine B_1 (thiamine)	0,04 mg	0,08 mg
Vitamine B_2 (riboflavine)	0,02 mg	0,5 mg
Vitamine B_3 ou PP (nicotinamide)	0,3 mg	0,1 mg
Vitamine B_5 (acide pantothénique)	0,05 mg	
Vitamine B_6 (pyridoxine)	0,1 mg	
Vitamine B_9 (acide folique)	0,015 mg	0,03 mg
Vitamine E (tocophérols)	0,7 mg	0

Source : Agence pour la recherche et l'information en fruits et légumes frais (APRIFEL) http://www.aprifel.com et Santé Canada. Fichier canadien sur les éléments nutritifs, 2010.

Les effets de la déshydratation

Le processus de déshydratation a une influence importante sur la valeur nutritive du raisin. Ainsi, la version séchée du raisin contient davantage de protides, de substances minérales et d'oligo-éléments. Les raisins séchés ont un apport en minéraux et en oligo-éléments de 4 à 5 fois supérieur à celui des fruits frais. Enfin, la teneur en fibres des fruits séchés grimpe en flèche dans les raisins secs. Elle se traduit par des effets bénéfiques en cas de constipation.

La vitamine C est presque totalement oxydée lors du processus de déshydratation. Par contre, les vitamines B_1 et B_2 sont 2 ou 3 fois plus abondantes que dans les fruits frais. La provitamine A, elle, est parfaitement préservée.

La coqueluche des sportifs

Les sportifs apprécient les raisins secs parce qu'ils concentrent beaucoup de sucres et de fibres et disposent d'une haute valeur énergétique. Ces sucres présentent l'avantage d'être rapidement métabolisés grâce à leur charge glycémique. Il est suggéré de manger des raisins secs par petites quantités, tant que se poursuit l'effort. Ainsi, les glucides fournissent l'énergie dont les muscles ont besoin pendant l'exercice ; le potassium permet d'éviter l'apparition de crampes musculaires, alors que le fer et le cuivre vont contrer la fatigue musculaire et faciliter la récupération.

Des chercheurs de l'Université de la Californie à Davis ont démontré que les raisins secs étaient aussi efficaces que les bonbons à mâcher (un produit énergétique pour sportif) pour améliorer les performances des coureurs grâce à leur teneur en sucre. Par contre, l'eau n'a eu aucun effet sur les performances des participants à l'étude. Seul inconvénient des raisins secs : trop en manger peut provoquer de légers problèmes gastro-intestinaux.

Compte tenu de leur haute valeur énergétique, les raisins secs sont déconseillés lors de régimes amaigrissants ou en cas de diabète. Et comme ils sont très sucrés, il faut en manger avec parcimonie quand on a les intestins fragiles.

Une action probiotique

Les raisins secs sont riches en fructanes. Ces derniers traversent l'intestin grêle sans être digérés et se retrouvent dans le côlon, où la flore intestinale se charge de les fermenter. Ils agissent ensuite comme un probiotique en stimulant la microflore intestinale, bénéfique. Des études laissent entendre que les fructanes pourraient protéger du cancer colorectal et réduire les triglycérides sanguins.

Plus secs, plus riches en antioxydants
Il est à noter que l'action antioxydante des raisins secs est supérieure à celle du raisin frais. La déshydratation entraîne une concentration des polyphénols, d'où leur teneur plus élevée dans le fruit séché. ◆

LES VERTUS DU MARC DE RAISIN

Depuis l'Antiquité, on prête au marc de raisin, composé des résidus tirés du pressage du raisin, la capacité de réguler les intestins et de stimuler le système veineux. De nos jours, le marc de raisin est généralement vendu en gélules à prendre au cours d'une cure, pendant un mois.

Un agent régulateur

Le marc de raisin contient des mucilages, une substance végétale qui gonfle au contact de l'eau et qui entre dans la composition de plusieurs médicaments pour en faciliter l'absorption. Ces mucilages agissent comme régulateurs de l'arrivée des aliments dans le sang, limitant l'assimilation des sucres et des graisses et favorisant l'équilibre de la flore intestinale. Leur effet légèrement laxatif confère au marc la propriété de régulariser le fonctionnement des intestins et de drainer les toxines accumulées par l'organisme.

Une excellente source d'antioxydants

Le marc de raisin est très riche en antioxydants. On y trouve des polyphénols, très présents dans la pellicule des fruits, ainsi que des flavonoïdes, extraits des pépins. Ces deux molécules sont reconnues pour leurs propriétés antioxydantes, ce qui confère au marc la propriété de lutter contre les radicaux libres qui menacent notre organisme. Ces radicaux libres peuvent, notamment, favoriser l'apparition de mauvaises graisses, accélérer le vieillissement cellulaire ou s'attaquer à l'ADN, augmentant les risques de cancer. Le marc contient également une huile concentrée en vitamine E, reconnue pour être antioxydante.

Un appui au système veineux

Grâce aux tanins et aux flavonoïdes qu'il contient, le marc stimule le système vasculaire et favorise une meilleure circulation sanguine. Ce faisant, il permet de lutter contre la stase veineuse. Celle-ci se caractérise par une stagnation du sang dans les veines des membres inférieurs et contribue à l'installation de la cellulite au niveau des jambes et de la « culotte de cheval ». En contribuant à éliminer la mauvaise graisse et à réguler la formation des fibres de collagène, le marc de raisin ferait disparaître en partie ce qu'on appelle la « peau d'orange », constituée de cloisons d'amas graisseux entre les fibres de collagène.

LES VERTUS DU VIN

Les vertus santé du vin sont sensiblement les mêmes que celles du raisin et du jus de raisin.

La guerre aux radicaux libres

Le jus de raisin et le vin ont beaucoup de choses en commun, sauf la fermentation et l'alcool. Les deux liquides proviennent du pressage du raisin duquel on retire un jus riche en vitamines, en acides organiques, en tanins, en sels minéraux et en divers polyphénols. Ces derniers, des antioxydants, freinent l'action des radicaux libres, principaux responsables du vieillissement des cellules. Les radicaux libres sont associés à de nombreux troubles et maladies chroniques, tels que l'arthrite, l'asthme et les maladies cardiaques, ainsi qu'à certains types de cancer.

Fermentation et antioxydants

Le jus de raisin fournit sensiblement les mêmes antioxydants que le vin rouge, mais en moins grande quantité. Cette différence s'expliquerait par le processus de fabrication des deux boissons.

La période de macération du vin est plus longue que celle du jus et la fermentation se fait avec des raisins entiers, ce qui permet de retirer un maximum de resvératrol de la pellicule (peau) du grain. Cette molécule est réputée pour son efficacité contre certains types de cancer. De plus, la présence d'alcool favoriserait l'absorption du resvératrol et aiderait à augmenter le taux de bon cholestérol dans le sang.

Boire un verre de vin par jour aurait un effet protecteur sur le cœur et le cerveau. Des études parues au cours des dernières années démontrent que la consommation modérée de vin rouge est bénéfique pour le cœur grâce aux actions antioxydantes et anti-inflammatoires des polyphénols qu'il contient.

Cet effet protecteur est attribuable aux flavonoïdes et autres composés phénoliques, tels que le resvératrol, qui nous protègent contre les maladies cardiovasculaires en bloquant, notamment, la formation de caillots de sang et en diminuant l'agrégation plaquettaire. Selon plusieurs études, les effets protecteurs de l'alcool contenu dans le vin augmenteraient avec l'âge, soit à partir de la quarantaine chez l'homme et de la ménopause chez la femme. Les bienfaits de l'alcool seraient encore plus marqués après 60 ans et lorsqu'il est consommé durant un repas.

Le paradoxe français

Les vertus protectrices de ces composés polyphénoliques ont été découvertes dans les années 1990 avec ce qu'on a appelé « le paradoxe français ». On a alors remarqué que les habitants du sud-ouest de la France, qui buvaient du vin rouge régulièrement, avaient un niveau de mortalité plus faible qu'ailleurs au pays. Depuis, d'autres études ont démontré que le fait de boire du vin rouge avec modération et de façon régulière diminue les risques de maladies cardiovasculaires et que les personnes qui consomment du vin modérément ont un taux de mortalité inférieur à celui des gens qui en boivent beaucoup ou pas du tout. ◆

Choisir le vin ou le jus de raisin ?

Sur ce plan, les études se contredisent. Si certaines concluent à la supériorité du vin, d'autres, qui jugent leur action protectrice équivalente, recommandent de boire les deux boissons en parallèle, surtout si l'on considère qu'elles doivent être consommées avec modération : le jus, en raison de la présence de sucre, et le vin, à cause de l'alcool.

Le jus de raisin, même sans sucre ajouté, peut contenir l'équivalent de 8 cubes de sucre pour 250 ml de liquide. Quant au vin, on ne devrait pas boire plus d'un ou deux verres par jour, avec un maximum de 14 consommations par semaine pour les hommes, et de 9 pour les femmes. Au-delà de ces quantités, l'effet protecteur du vin sur le cœur s'inverse. Une trop grande consommation d'alcool est associée à de nombreux problèmes de santé, comme les maladies coronariennes, la cirrhose, le cancer du foie ou colorectal et des problèmes de santé mentale.

Vin rouge ou vin blanc ?

Le vin blanc serait aussi bénéfique pour le cœur que le vin rouge. Selon plusieurs études, le resvératrol (présent dans le vin rouge) et l'hydroxytyrosol (un composé antioxydant présent dans le vin blanc) seraient tout aussi efficaces pour améliorer la fonction cardiaque et prévenir l'obstruction des artères. Par contre, la quantité d'antioxydants varie d'un vin blanc à un autre. Les vins italiens, français et allemands seraient les plus riches en tyrosol (un autre composé antioxydant qu'on trouve dans le vin blanc) et en hydroxytyrosol. ◆

LES VERTUS DE L'HUILE DE PÉPINS DE RAISIN

Comme les pépins de raisin, l'huile qu'on en tire est nutritive, énergétique, désintoxicante, en plus de posséder des propriétés diurétiques. On l'utilise pour soigner différents maux comme les rhumatismes, l'arthrite, la goutte et les jambes lourdes. Elle est aussi recommandée dans certains régimes visant à purifier le sang.

L'huile de pépins de raisin se distingue par sa teneur particulièrement élevée en acides gras mono- et polyinsaturés, indispensables à l'organisme. Elle regorge d'oméga-6 et d'oméga-9, dont l'action antioxydante stimule la régénération cellulaire et favorise l'hydratation de l'épiderme en réduisant les pertes en eau. De plus, ses propriétés anticholestérol renforcent son rôle dans la prévention des maladies cardiovasculaires.

Pour profiter de ces bienfaits, l'huile de pépins de raisin doit être pressée naturellement. Dans les huiles raffinées usuelles, la majorité des agents bioactifs importants ont été détruits. Une dégradation qui s'expliquerait par l'utilisation de pépins de raisin grillés plutôt que séchés à l'air chaud.

LES VERTUS DU VINAIGRE DE VIN

Les vinaigres sont presque tous produits de façon industrielle aujourd'hui, laissant peu de temps aux bactéries pour faire leur travail, ce qui pourrait altérer les propriétés qu'on leur prête. La solution consiste à choisir un vinaigre de vin obtenu par des méthodes plus traditionnelles, parfois un peu plus cher.

Comme les autres produits de la vigne et du raisin, le vinaigre est une bonne source d'antioxydants, en plus de posséder des propriétés antibactériennes. Il serait efficace pour prévenir les otites, il améliorerait l'état des articulations et il soulagerait les pieds fatigués ainsi que les douleurs musculaires. Sa consommation permettrait aussi un meilleur contrôle de la glycémie.

Un effet positif sur la glycémie

L'acide acétique contenu dans le vinaigre de vin contribuerait à diminuer la réponse du glucose et de l'insuline lorsqu'il est ingéré en même temps qu'un repas contenant des glucides. Il suffirait d'ajouter 1 ou 2 cuillères à soupe de vinaigre à son repas pour obtenir ces résultats. L'acide acétique favoriserait l'inhibition des enzymes responsables de la digestion des disaccharides, tels que le sucrose et le lactose, dans l'intestin grêle, ce qui diminuerait leur absorption par l'organisme, entraînant une meilleure utilisation du glucose par le corps humain. Le vinaigre de vin apporterait aussi une plus grande sensation de satiété après le repas ; cette donnée ouvre la porte à de nouvelles recherches étudiant l'effet du vinaigre sur la perte de poids et le traitement du diabète de type 2.

Une acidité antibactérienne

La grande acidité du vinaigre en fait un très bon antibactérien, du moins en présence de certains types de bactéries. Son efficacité a été démontrée sur les bactéries causant les maux d'oreilles les plus fréquents (*Pseudomonas*, *Staphylococcus*, *Proteus*). Les chercheurs sud-africains qui menaient une étude sur le sujet ont établi que le vinaigre, utilisé comme remède topique (c'est-à-dire que l'on applique comme une pommade), pourrait remplacer les traitements antibiotiques actuels.

Un antiseptique reconnu

Les propriétés antiseptiques du vinaigre de vin ont été parmi les premières à être exploitées par l'homme. Les Égyptiens, les Romains et les Grecs de l'Antiquité utilisaient le vinaigre de vin pour conserver les aliments, les mettant ainsi à l'abri de l'oxydation, des microbes et des parasites. Une légende veut qu'en 1720, Antoine Maille ait enrayé la peste à Marseille avec son «vinaigre des quatre voleurs», un vinaigre dans lequel des plantes ou des épices auraient macéré. Il recommandait de l'ajouter à de l'eau et de s'en frotter les tempes et la paume des mains. Des mélanges de vinaigre et d'eau servent encore aujourd'hui à désinfecter des surfaces de travail pour éviter une contamination ou la propagation d'un virus, tel celui de la gastro-entérite qui se transmet par contact avec des objets ou des personnes infectées.

D'autres vertus intéressantes

Consommé quotidiennement, même en petite quantité, le vinaigre de vin contribuerait à modérer l'hypertension. Selon une étude réalisée chez les rats, l'acide acétique du vinaigre permettrait de diminuer la pression sanguine et l'activité de la rénine, un enzyme qui provoque la réduction du calibre des vaisseaux sanguins. D'autres études seront nécessaires pour voir si ces résultats peuvent s'appliquer à l'humain.

Le vinaigre de vin contribuerait à prévenir l'ostéoporose, une maladie qui entraîne une perte de masse osseuse et provoque la fragilité des os. Une étude japonaise menée sur des rats a démontré que la consommation de vinaigre facilite l'absorption du calcium par l'intestin. De plus, l'acide acétique ralentirait le renouvellement des os après la ménopause, ce qui en diminuerait l'affaiblissement. Ces résultats devront cependant être confirmés chez les humains.

LES VERTUS DES FEUILLES DE VIGNE

Riches en anthocyanosides, une substance qui leur donne une belle couleur rouge à l'automne, les feuilles de vigne rouge renferment une grande quantité de tanins, de flavonoïdes et de composés phénoliques. Ces substances permettent à la feuille de vigne de contribuer à renforcer la résistance des capillaires sanguins et à traiter l'insuffisance veineuse, les hémorroïdes, les varices et les jambes lourdes.

Un soulagement de l'insuffisance veineuse

Les recherches sur les bienfaits des feuilles de vigne rouge ont surtout porté sur les divers flavonoïdes qu'elles renferment. Les chercheurs se sont particulièrement intéressés à l'un d'eux, la quercétine, et à ses dérivés pour découvrir que la plante pouvait réduire l'insuffisance veineuse et ses manifestations : jambes lourdes, varices, crampes des mollets, démangeaisons, etc. Leurs travaux montrent qu'un extrait de feuille de vigne, pris quotidiennement, permet de réduire l'œdème et l'enflure des jambes chez des personnes souffrant d'insuffisance veineuse chronique. Il pourrait aussi contrer la progression de la maladie. Les feuilles de vigne augmenteraient la tonicité des veines et faciliteraient le retour veineux en stimulant la circulation sanguine.

Les produits de phytothérapie à base de vigne rouge se présentent sous forme de gélules, d'extraits secs ou liquides. Il est préférable de choisir des produits portant la mention « normalisés » puisque leur composition est constante, peu importe le moment où les feuilles ont été récoltées. Il n'existe aucune contre-indication à la consommation de feuilles de vigne, mais il est recommandé de consulter un médecin pour éviter les interactions médicamenteuses.

Une protection et un renforcement des vaisseaux sanguins
Les polyphénols présents dans les feuilles de vigne aideraient à réduire l'incidence de plusieurs facteurs de risque des maladies cardiovasculaires. Selon des études, les polyphénols contribuent à abaisser le taux de «mauvais» cholestérol, empêchent l'accumulation des plaquettes sanguines, diminuent la pression sanguine et réduisent le stress oxydatif de l'organisme qui entraîne une agression des cellules par les radicaux libres. Ces résultats encourageants demandent toutefois à être confirmés.

Les feuilles de vigne sont aussi reconnues pour augmenter la résistance des petits vaisseaux sanguins (capillaires) et pour diminuer leur perméabilité, évitant ainsi qu'ils éclatent sous la peau. Les proanthocyanidols, des tanins contenus dans la feuille de vigne, favorisent la contraction des cellules musculaires des vaisseaux, facilitant le retour vers le cœur du sang accumulé dans les membres inférieurs. Ils contribuent également à réduire la fragilité capillaire cutanée et ses conséquences, la couperose et les ecchymoses.

D'autres vertus intéressantes
Comme tous les produits de la vigne, les feuilles ont des vertus antioxydantes et une action qui vise à contrer les radicaux libres. Elles soignent les règles abondantes et les hémorragies utérines, et accélèrent la cicatrisation. Elles diminuent les problèmes de circulation liés à la ménopause et réduisent les œdèmes provoqués par des interventions chirurgicales.

Les vertus

cosmétiques du raisin

« Les jeunes filles sont des raisins frais et les vieilles filles, des raisins secs. »

Proverbe allemand

LA VINOTHÉRAPIE

Grignoter du raisin n'est pas la seule façon de profiter de ses bienfaits. Sa richesse en vitamines, en sels minéraux et en oligo-éléments (calcium, potassium, phosphore, magnésium, fer) en fait un allié beauté important.

Les femmes qui fréquentaient la cour de Louis XIV, au XVIIe siècle, l'avaient compris. Elles appliquaient du vin vieilli sur leur visage pour donner de l'éclat à leur teint et en préserver la blancheur. Un siècle plus tard, dans la deuxième moitié du XIXe siècle, la cure uvale (cure de raisin) était réputée pour purger l'organisme et éclaircir le teint. Aujourd'hui, la vinothérapie gagne en popularité. Le raisin et ses dérivés sont entrés dans les spas et on les retrouve dans un nombre grandissant de produits de beauté.

La vinothérapie a vu le jour en France au début des années 2000 quand des propriétaires de vignobles ont voulu exploiter les vertus médicinales de leurs vignes. Ils se sont d'abord attardés aux qualités antioxydantes et régénératrices des polyphénols, des molécules naturelles présentes dans les pépins de raisin. Leur attention s'est ensuite portée sur le vin, riche en resvératrol, un antioxydant qui favorise le renouvellement des cellules. Ils ont alors élaboré des soins mettant en valeur ces propriétés, comme des enveloppements au merlot et des bains à la vigne rouge, maintenant offerts dans de nombreux spas, souvent associés à des vignobles. Depuis, des produits comme des gels pour la douche, des lotions anti-âge, des crèmes amincissantes et des masques exfoliants qui favorisent la régénération de la peau ont vu le jour. Ils sont distribués dans les pharmacies et les parfumeries des deux côtés de l'Atlantique.

> ### Le meilleur anti-âge
> Dans la rafle et le sarment de vigne, on a découvert le resvératrol et la viniférine. Le premier a été identifié comme le meilleur anti-âge du moment. Quant à la viniférine, son action sur la mélanine, le pigment brun qui donne à la peau et aux poils leur couleur, lui confère un pouvoir anti-taches brunes hors du commun. ◆

LES VERTUS COSMÉTIQUES DU MARC ET DES PÉPINS DE RAISIN

La cosmétologie mise sur les polyphénols contenus dans la peau et les pépins de raisin. On trouve donc plus souvent du marc et de l'huile de pépins de raisin que du raisin à proprement parler dans la liste d'ingrédients des produits de soins. Les propriétés des deux produits de la vigne sont similaires : ils s'avèrent à la fois éclaircissants, exfoliants et protecteurs.

Le marc de raisin, obtenu après le pressage des fruits, est recherché pour son action contre la cellulite. Les tanins, les flavonoïdes et les anthocyanosides, les pigments responsables de la coloration du fruit, qu'il renferme stimulent le système vasculaire et améliorent la circulation sanguine. Ils combattent la cellulite en dispersant les poches de graisse sous-cutanées.

En unissant la peau et les pépins du raisin, le marc tire le meilleur parti du fruit. C'est en effet dans l'enveloppe du raisin que sont concentrés les polyphénols et les anthocyanosides. Les polyphénols sont des antioxydants qui aident à lutter contre le vieillissement de la peau en préservant l'hydratation de l'épiderme. Ils stimulent la synthèse du collagène et de l'élastine, favorisant l'élasticité et la fermeté de la peau.

LES VERTUS COSMÉTIQUES DE L'HUILE DE PÉPINS DE RAISIN

L'huile de pépins de raisin est omniprésente dans les soins cosmétiques. On la trouve dans des soins anti-âge, des produits de gommage, des crèmes, des savons, des traitements pour les cheveux et des shampoings. Les fabricants de ces produits l'apprécient pour ses vertus adoucissantes, exfoliantes, émollientes et régénératrices.

La teneur en acide linoléique, un acide gras polyinsaturé, de l'huile de pépins de raisin permet de régénérer les membranes cellulaires, de restructurer les tissus et de protéger la peau. Les polyphénols qu'elle contient aident à raffermir la peau et à maintenir sa souplesse. Ces puissants antioxydants protègent l'épiderme des agressions extérieures (vent, pollution, etc.) et des rayons ultraviolets. Ils freinent les radicaux libres, responsables à 80 % du vieillissement cutané. Ces polyphénols seraient, selon des études, 10 000 fois plus actifs que la vitamine E pour lutter contre les rides, en plus de stimuler la microcirculation. Ils préservent ainsi l'hydratation de l'épiderme, contribuant à redonner éclat et beauté au teint. Par contre, ces polyphénols s'oxydent rapidement à l'air, perdant une grande partie de leur efficacité. Les produits qui en contiennent doivent donc être conservés avec soin.

L'huile de pépins de raisin utilisée en cosmétologie est douce, fine au toucher et sans odeur. Elle pénètre rapidement l'épiderme, sans laisser de résidus graisseux sur la peau. On l'applique sur le corps et le visage, de la même manière que les crèmes et les lotions, pour nourrir les peaux sèches et abîmées, hydrater les peaux grasses et régénérer les peaux matures en les préservant du vieillissement cellulaire grâce à sa forte teneur en vitamine E.

L'huile de pépins de raisin est conseillée aux personnes qui souffrent d'acné et elle est particulièrement efficace sur les peaux grasses puisqu'elle régule le sébum et resserre les pores en stimulant la circulation sanguine.

Comme l'huile de pépins de raisin pénètre facilement la peau, elle fait une excellente huile de massage. Les acides gras insaturés qu'elle contient lui confèrent un pouvoir apaisant, alors que la vitamine E lui donne des propriétés émollientes qui entraînent le relâchement des tissus enflammés. Pour les massages, on peut lui ajouter quelques gouttes d'huile essentielle, selon le parfum ou l'effet recherché : relaxant, nourrissant, aphrodisiaque, etc.

Les propriétés nourrissantes, hydratantes et réparatrices de l'huile de pépins de raisin sont mises à profit dans le traitement contre les cheveux secs et abîmés, qu'elle rend doux et brillants, et dans le soin du cuir chevelu. Elle favoriserait aussi la repousse des cheveux.

L'huile de pépins de raisin se présente comme une solution de remplacement à l'huile d'amande douce dans les préparations maison de masque, de crème ou d'huile de massage pour les personnes allergiques aux noix. Mais elle a tendance à s'oxyder facilement. Pour éviter que ce soit le cas et allonger sa période de conservation, on peut mélanger une part d'huile de germe de blé à neuf parts d'huile de pépins de raisin.

Des molécules à prix d'or

Il faut une tonne de raisins pour obtenir 1 kg de polyphénols, ce qui peut expliquer le prix élevé des produits de beauté qui en contiennent beaucoup. ◆

RECETTES BEAUTÉ

On peut concocter chez soi, à moindre prix, plusieurs produits beauté à base de raisins, de jus de raisin et, surtout d'huile de pépins de raisin.

Vous trouverez dans les pages qui suivent des recettes faciles à faire, pour les soins du visage, du corps et des cheveux.

LES SOINS POUR LE VISAGE

Baume cicatrisant pour peau acnéique
  1 c. à soupe de sucre
  1 c. à soupe de sel
  Huile de pépins de raisin

1. Mettre le sucre et le sel dans un petit bol. Ajouter juste assez d'huile de pépins de raisin pour humecter le mélange.
2. Appliquer la préparation sur les cicatrices d'acné et masser doucement de 4 à 5 minutes. Laisser reposer 10 minutes, puis rincer à l'eau tiède.

Note : Si une sensation de picotement se manifeste, rincer et utiliser la moitié moins de sel la prochaine fois.

De l'huile pressée naturellement

Pour élaborer vos produits cosmétiques, utilisez toujours de l'huile de pépins de raisin pressée naturellement puisque, dans les huiles pressées chimiquement, la majorité des agents bioactifs sont détruits. Cela est dû au fait que l'huile raffinée est produite avec des pépins grillés et non séchés à l'air chaud. Recherchez les mentions « huile vierge » ou « pressée à froid » sur l'étiquette. ◆

Baume de nuit anti-acné
½ c. à soupe de cire d'abeille
3 c. à soupe d'huile de pépins de raisin
8 gouttes d'huile essentielle de sauge sclarée ou de citron
(ou un mélange des deux)
3 gouttes de vitamine E
8 gouttes d'extrait de pépins de pamplemousse

1. Faire fondre au bain-marie la cire d'abeille et l'huile de pépins de raisin.
2. Retirer du feu et laisser refroidir quelques minutes. Ajouter l'huile essentielle, la vitamine E et l'extrait de pépins de pamplemousse.
3. Appliquer le mélange sur un visage propre et légèrement humide. Utiliser deux fois par semaine.

Crème visage pour peau sèche
100 g (½ tasse) de cire d'abeille
250 ml (1 tasse) de gel d'aloès
160 ml (⅔ tasse) d'huile d'amande douce
80 ml (⅓ tasse) d'huile de pépins de raisin
60 ml (¼ tasse) d'huile de sésame
1 ½ c. à café d'huile essentielle d'argan ou de bois de rose

1. Au bain-marie, faire fondre la cire d'abeille. Ajouter le gel d'aloès ainsi que les huiles d'amande douce, de pépins de raisin et de sésame. Bien remuer pour obtenir un mélange homogène.
2. Retirer du feu et remuer jusqu'à épaississement. Laisser refroidir complètement et ajouter l'huile essentielle. Placer le mélange dans un contenant propre.

Masque anti-âge à l'argile et au raisin
   3 c. à soupe d'argile blanche
   2 c. à soupe de jus de raisin biologique
   1 c. à soupe d'huile de pépins de raisin

1. Mélanger tous les ingrédients dans un bol pour obtenir une pâte homogène.
2. Appliquer sur le visage et laisser agir 15 minutes. Rincer à l'eau tiède.

Masque au raisin pour peau grasse
   10 c. à soupe de jus de raisin biologique
   5 c. à café d'eau minérale
   10 c. à soupe d'huile de pépins de raisin

1. Dans un bol, mélanger le jus de raisin, l'eau minérale et l'huile de pépins de raisin.
2. Imbiber un coton du mélange et appliquer sur le visage en insistant sur les parties les plus grasses. Laisser agir de 4 à 5 minutes.
3. Rincer à l'eau fraîche pour refermer les pores de la peau. Appliquer ensuite une crème hydratante. Répéter l'opération matin et soir.

Note : Le mélange peut être conservé au réfrigérateur dans une bouteille. Pour fabriquer soi-même le jus de raisin, il suffit d'écraser environ 150 g (1 ½ tasse) de raisins dans un bol, puis de filtrer le tout de manière à ne garder que le jus.

Masque hydratant au miel et aux raisins
125 ml (½ tasse) de miel liquide
10 raisins rouges

1. Dans un petit bol, écraser les raisins dans le miel. Bien mélanger pour obtenir une pâte homogène.
2. Étaler ce mélange sur le visage et le cou. Laisser reposer 15 minutes.
3. Nettoyer avec un linge humide et rincer à l'eau tiède. Assécher la peau en la tamponnant, sans frotter. Répéter l'opération toutes les semaines, au besoin.

Masque hydratant aux raisins et à la farine
100 g (1 tasse) de raisins rouges
2 c. à soupe de farine

1. Écraser les raisins rouges dans un bol. Ajouter la farine et mélanger pour obtenir une pâte.
2. Appliquer le mélange sur le visage et laisser agir 10 minutes. Rincer à l'eau tiède.

LES SOINS POUR LE CORPS

Bain à l'huile de pépins de raisin et au lait de soya
½ c. à soupe d'huile de pépins de raisin
500 ml (2 tasses) de lait de soja
5 gouttes d'huile essentielle de lavande

1. Mélanger tous les ingrédients dans un bol.
2. Verser dans le bain au moment de faire couler l'eau.

Crème hydratante
1 c. à soupe de cire d'abeille
1 c. à soupe de beurre de karité
2 c. à soupe d'huile d'amande douce
1 ½ c. à soupe d'huile de pépins de raisin
3 ½ c. à soupe d'eau de source chaude
1 c. à café de cire émulsifiante
6 gouttes de vitamine E

1. Faire fondre au bain-marie la cire d'abeille et le beurre de karité avec les huiles d'amande douce et de pépins de raisin.
2. Dans un bol, dissoudre la cire émulsifiante dans l'eau chaude.
3. Verser lentement la cire dissoute dans le mélange d'huile et remuer jusqu'à l'obtention d'une pâte lisse. Incorporer la vitamine E.
4. Appliquer la crème sur le corps en massant doucement.

Exfoliant à la cassonade et à l'huile de pépins de raisin
75 g (⅓ tasse) de cassonade
125 ml (½ tasse) d'huile de pépins de raisin
2 ou 3 gouttes d'huile essentielle de lavande

1. Dans un bol, mélanger la cassonade et l'huile de pépins de raisin. Ajouter l'huile essentielle.
2. Appliquer la préparation sur le corps en massant doucement la peau pendant 15 à 20 minutes.
3. Couvrir les parties du corps traitées d'une serviette humide et laisser agir 5 minutes supplémentaires.
4. Rincer à l'eau tiède.

Gommage pour le corps au raisin et à l'avoine
80 ml (⅓ tasse) d'huile de pépins de raisin
170 g (2 tasses) de flocons d'avoine moulus
20 gouttes d'huile essentielle de lavande
5 gouttes d'extrait de pépins de pamplemousse

1. Dans un bol, mélanger tous les ingrédients pour obtenir une pâte homogène.
2. Appliquer le mélange sur le corps et masser doucement pendant 15 à 20 minutes pour faire pénétrer dans la peau.
3. Laisser agir 5 minutes supplémentaires. Rincer à l'eau tiède.

Huile à massage relaxante
  500 ml (2 tasses) d'huile de pépins de raisin
  5 gouttes d'huile essentielle de lavande
  2 ou 3 gouttes d'huile essentielle de cyprès
  2 ou 3 gouttes d'huile essentielle de fleur d'oranger

1. Mélanger tous les ingrédients dans un flacon en verre hermétique. Laisser infuser au moins 1 heure.
2. Appliquer sur le corps en massant doucement la peau.

Note : Bien refermer le flacon et le remiser à l'abri de la lumière.

Huile à massage tonique
  500 ml (2 tasses) d'huile de pépins de raisin
  250 ml (1 tasse) d'huile d'argan
  10 gouttes d'huile essentielle de cannelle ou de menthe poivrée

1. Verser tous les ingrédients dans un contenant en verre hermétique et remuer. Laisser reposer au moins 1 heure avant l'utilisation.
2. Appliquer un peu d'huile sur le corps en massant.

Note : Conserver l'huile à l'abri de l'air et loin de la lumière.

LES SOINS POUR LES CHEVEUX

L'huile de pépins de raisin est reconnue pour nourrir la fibre capillaire. Elle fait notamment des merveilles dans le traitement des cheveux fins, ternes, sans volume, cassants ou fourchus. On la trouve aussi dans des masques ou des soins pour cheveux normaux. L'huile de pépins de raisin entre dans la composition de nombreux shampoings, masques et autres produits capillaires, ainsi que dans des recettes de soins maison. On peut aussi simplement l'appliquer directement sur la chevelure ou sur les pointes fourchues pour leur redonner de l'éclat.

Traitement à l'huile de pépins de raisin

Ce traitement adoucissant consiste à répartir l'huile de pépins de raisin sur l'ensemble de la chevelure, qu'on recouvre ensuite d'une serviette chaude et humide ou d'une pellicule plastique. Idéalement, on laisse agir toute la nuit, puis on lave les cheveux normalement. S'il est impossible d'attendre aussi longtemps, on masse les cheveux dès la fin de l'application de l'huile et on laisse reposer 30 minutes avant de les laver avec un shampoing doux. Le traitement peut être répété une fois par semaine.

Traitement des pointes fourchues

L'autre option est de traiter uniquement la pointe des cheveux abîmés. On applique alors l'huile de pépins de raisin sur les pointes, puis on masse les cheveux. On laisse agir 20 minutes avant de les laver avec un shampoing doux. Le traitement peut être répété deux ou trois fois par semaine.

Masque capillaire

1 œuf
2 c. à soupe d'huile de pépins de raisin
2 c. à soupe de miel liquide
3 gouttes d'huile essentielle (romarin, lavande ou orange)

1. Dans un bol, battre l'œuf avec l'huile de pépins de raisin. Ajouter le miel et l'huile essentielle, puis mélanger de nouveau.
2. Appliquer uniformément le produit sur toute la chevelure et laisser reposer au moins 1 heure.
3. Rincer à l'eau tiède et laver avec un shampoing doux.

Masque capillaire à l'argile, au raisin et à la rose (cheveux gras)

5 c. à soupe d'argile verte
2 c. à soupe d'huile de pépins de raisin
4 ou 5 gouttes d'eau de rose

1. Dans un bol, mélanger tous les ingrédients.
2. Appliquer uniformément la pâte sur toute la chevelure. Laisser reposer 30 minutes.
3. Rincer à l'eau tiède et laver avec un shampoing doux.

Shampoing au raisin et à la bière (tous types de cheveux)
1 jaune d'œuf
1 c. à soupe d'huile de pépins de raisin
125 ml (½ tasse) de bière
Le jus de ½ citron (voir note)

1. Dans un bol, mélanger le jaune d'œuf à l'huile de pépins de raisin. Ajouter la bière, le jus de citron et mélanger.
2. Étaler sur toute la longueur des cheveux et masser pendant quelques minutes. Rincer à l'eau tiède.

Note : Pour les cheveux secs, il est préférable de ne pas mettre de jus de citron dans la préparation.

Shampoing pour cheveux secs
1 ou 2 œufs (selon la longueur des cheveux)
1 c. à café d'huile de pépins de raisin

1. Dans un bol, battre l'œuf avec l'huile de pépins de raisin.
2. Appliquer uniformément le mélange sur toute la chevelure.
3. Masser les cheveux pendant quelques minutes, puis rincer à l'eau tiède.

Le raisin

en cuisine

« Notre univers s'étend comme gonfle dans le four un pudding aux raisins, dans un espace qu'il crée lui-même. »

Hubert Reeves,
Patience dans l'azur

Les avenues sont nombreuses pour profiter des bienfaits des raisins en cuisine. On se prépare une vinaigrette avec de l'huile de pépins de raisin, riche en acides gras polyinsaturés, on concocte une sauce au vin rouge, bourré d'antioxydants, ou on incorpore une poignée de raisins secs dans un gâteau. De l'entrée au dessert, les produits de la vigne et du raisin ont leur place dans l'alimentation quotidienne.

Frais, le raisin accompagne les fromages ou les salades. On en fait une farce pour la volaille ou on l'inclut dans une soupe froide de fruits. Cuits à la poêle ou dans une sauce, les raisins blancs s'harmonisent avec le poulet, le canard, le foie de veau ou le boudin blanc. Ajoutés lors de la cuisson des viandes, les grains de raisin ramollissent et libèrent du jus qui servira de jus de cuisson. Au dessert, les raisins noirs ou blancs sont parfaits dans les clafoutis ou les gâteaux, souvent relevés d'une touche de cannelle ou de gingembre.

Une popularité tardive

Bien que l'on voie souvent des tableaux représentant des scènes de banquet de l'Empire romain aux plateaux regorgeant de grappes de raisins, la sélection de variétés de vignes aux fruits gros et sucrés ne s'est pas faite avant le XIXe siècle. Ce n'est que depuis le XXe siècle que le raisin connaît une réelle popularité et qu'il se diversifie sur les tables. ◆

Les raisins secs sont consommés crus ou cuits dans des tajines, des couscous, des tartes et des muffins, sans oublier la classique caille aux raisins. On les fait gonfler dans de l'eau pour les ajouter à un chutney, à une compote de pommes ou à une brioche.

L'huile de pépins de raisin, riche en acides gras polyinsaturés et douce au goût, et le vinaigre de vin entrent dans la préparation des vinaigrettes, des marinades et des assaisonnements. Les feuilles de vigne, quant à elles, serviront à envelopper divers plats grecs et turcs, leur transférant au cours de la cuisson une saveur acidulée.

Une portion de fruits

Une portion de raisins, selon les autorités de la santé, équivaut à une petite grappe, soit environ huit raisins. ◆

DU RAISIN À L'ANNÉE

Le raisin et les produits de la vigne devraient avoir leur place à table toute l'année. Si les récoltes locales de raisins garnissent les étalages de fruits des épiceries à l'automne, des raisins d'importation sont offerts à longueur d'année. C'est aussi l'occasion de découvrir des cépages et de fouiller dans ses livres de recettes pour trouver les façons de les apprêter. Par exemple, le cépage Alphonse Lavallée avec sa pulpe ferme et charnue est idéal pour les tartes et les clafoutis. Le muscat est parfait en accompagnement des viandes. Et le chasselas s'accorde parfaitement avec le fromage et la charcuterie. Bien sûr, ces accords ne sont pas exclusifs. Plusieurs autres cépages de raisins de table peuvent être utilisés, que ce soit dans les salades, les plats de viande ou les desserts.

CUISINER AVEC LE RAISIN

Comment choisir le raisin

Les raisins doivent être fermes et bien mûrs, car, une fois cueillis, ils ne mûrissent plus, contrairement à d'autres fruits. La couleur des grains doit être uniforme et la tige ne doit présenter aucune trace de moisissure. Si le raisin se détache de la grappe trop facilement, c'est signe qu'il est trop mûr.

Les grains sont souvent recouverts d'une légère pellicule blanche, la pruine. C'est normal et celle-ci est même un gage de fraîcheur. La pruine est constituée de fines paillettes de cire que le fruit produit naturellement en grossissant pour se protéger du soleil. On la retire en frottant légèrement le raisin. Le fait qu'elle soit toujours sur le fruit prouve qu'il n'a pas été trop manipulé.

Le raisin faisant l'objet de traitements fréquents, il est important de le laver soigneusement avec de l'eau légèrement vinaigrée ou citronnée avant de le manger, pour éliminer toute trace de pesticides.

Comment conserver le raisin

Les raisins frais
Les raisins frais peuvent être conservés à température ambiante, dans un endroit sec et frais, pendant une semaine. Pour prolonger leur durée de conservation, on les enveloppe dans un sac en plastique hermétique avant de les remiser dans le bac à fruits du réfrigérateur. On prend soin auparavant d'assécher les fruits avec un linge ou un papier absorbant. Idéalement, on sort les raisins du réfrigérateur une heure avant de les manger pour maximiser leur arôme et faire ressortir leur saveur.

Le raisin peut être congelé entier et conservé ainsi pendant un an. Pour congeler le raisin, on étale dans un premier temps les grains sur une plaque à biscuits ou sur un plateau qu'on dépose au congélateur. Quand les raisins sont bien givrés, on les glisse dans un sac hermétique. On peut aussi peler et épépiner les raisins et les arroser de citron avant de les congeler si on souhaite les utiliser dans des recettes.

Les raisins secs
Les raisins secs doivent être conservés dans un contenant hermétique, rangé au frais et au sec, à l'abri de la lumière.

CUISINER AVEC L'HUILE DE PÉPINS DE RAISIN

L'huile de pépins de raisin est connue pour ses vertus anticholestérol, ce qui en fait un ingrédient de choix en cuisine. On l'utilise surtout pour la friture ou la préparation de marinades et de vinaigrettes.

L'huile de pépins de raisin se distingue des autres huiles par sa teneur élevée en acides gras mono- et polyinsaturés de type oméga-6, indispensables à l'organisme. Elle est aussi riche en protéines, en minéraux et en vitamines, notamment en vitamine E.

Inodore, l'huile de pépins de raisin a un goût subtil et délicat. Ce n'est donc pas l'ingrédient idéal pour relever des plats. Par contre, combinée à l'huile d'olive ou à l'huile de noix, elle adoucit le goût des vinaigrettes et des marinades.

Une huile personnalisée

L'huile de pépins de raisin est idéale pour laisser jouer notre imagination. Il suffit d'y faire macérer des herbes pendant quelques jours pour lui donner du caractère. On peut, par exemple, déposer quinze brins de ciboulette et autant de basilic et de coriandre dans 500 ml (2 tasses) d'huile ou encore y laisser macérer une tige de mélisse et le zeste de trois mandarines. Résultat : une huile parfumée parfaite pour accompagner les poissons ou pour donner une petite touche originale à un dessert. ◆

Dans la préparation des mayonnaises et des vinaigrettes ou pour asperger des légumes crus, il est préférable d'utiliser de l'huile de pépins de raisin pressée à froid, puisque cette dernière aura conservé tous ses nutriments.

Comment choisir l'huile de pépins de raisin

Les huiles de pépins de raisin vendues en supermarchés portent diverses mentions du genre «pressée à froid», «vierge» ou «extra-vierge» qui permettent d'en savoir davantage sur leur mode de fabrication respectif:

◆ L'huile dite de «première pression» est obtenue lors de la première extraction par pression mécanique à froid.

◆ L'huile «extra-vierge» désigne une huile de première pression qui contient moins de 1 % d'acidité et qui n'a pas été raffinée;

◆ L'huile «vierge» est une huile de première pression qui peut contenir jusqu'à 3 % d'acidité. Elle a été obtenue sans raffinage et sans être trop chauffée (ou dénaturée).

◆ L'appellation «100 % pure» spécifie que l'huile provient d'une seule source. Elle est souvent le fruit d'une deuxième pression.

◆ L'huile «pressée à froid» assure que l'huile ou la matière de base n'ont jamais atteint une température supérieure à 50 °C (122 °F) et que l'huile n'a pas été raffinée.

◆ L'huile «biologique» est le résultat d'une première pression à froid, sans raffinage. La mention certifie que les raisins ont été cultivés sans engrais chimiques ni pesticides.

Il est préférable de choisir une huile de pépins de raisin issue d'une première pression à froid et d'éviter les huiles raffinées. Ces dernières conservent la même composition en acides gras que l'huile vierge, mais elles perdent une grande quantité des antioxydants au cours du processus de transformation. Outre la mention sur l'étiquette, il est possible de distinguer les huiles raffinées à leur couleur. Une huile pressée à froid ne devrait être ni trop pâle ni trop foncée. Une huile translucide a été raffinée, alors qu'une huile très foncée a été préchauffée ou pressée à haute température.

Comment conserver l'huile de pépins de raisin
L'huile de pépins de raisin devrait être conservée dans un endroit sec, à l'abri de la lumière pour garder ses propriétés nutritionnelles. Les bouteilles ou contenants opaques permettent ainsi une meilleure conservation. Par contre, il faut éviter les bouteilles sans bouchon puisque le contact à l'air libre favorise l'oxydation. On peut garder l'huile de pépins de raisin au réfrigérateur sans altérer ses propriétés et on se doit de le faire dès que la bouteille est ouverte puisque l'huile s'oxyde rapidement.

Attention à la cuisson !

Bien qu'elle résiste bien à la chaleur, l'huile de pépins de raisin n'est pas le meilleur choix pour la cuisson. On lui préférera l'huile d'arachide, l'huile d'olive raffinée ou l'huile de tournesol, à teneur moyenne en acide oléique. En effet, ces trois huiles ont un point de fumée — soit la température à laquelle elles commencent à se dégrader et à dégager une fumée potentiellement cancérigène — plus élevé. Ce point de fumée dépend de la composition de l'huile. Les huiles hautement polyinsaturées se dégradent plus rapidement que les huiles mono-insaturées et saturées. ◆

CUISINER AVEC LE VINAIGRE DE VIN

Le vinaigre de vin est utilisé depuis l'Antiquité pour conserver et assaisonner les aliments. Un usage toujours courant. Aujourd'hui, on l'ajoute à des vinaigrettes, à des marinades et à des mayonnaises pour en relever le goût, on l'utilise pour déglacer ou pour faire des sauces, pour retarder le brunissement des fruits et des légumes, pour attendrir la viande ou pour préparer des trempettes.

Le vinaigre est largement utilisé dans la préparation de nombreuses sauces de la cuisine française comme la gribiche, la rémoulade, la sauce lyonnaise et la sauce béarnaise. En vinaigrette, il suffit de mélanger un bon vinaigre de vin avec un peu d'huile d'olive et quelques fines herbes, de verser le tout sur des feuilles de roquette et de laitue romaine, et le tour est joué ! Il est aussi possible de parfumer son vinaigre de vin en y faisant macérer, par exemple, de l'estragon, de la coriandre ou du thym.

À chaque plat son vinaigre

Les vinaigres ayant chacun leur personnalité, on évite de les inclure dans une même recette.

Le vinaigre de vin rouge

Le vinaigre de vin rouge se marie particulièrement bien avec les sauces et les marinades pour le gibier et pour les viandes rouges. On peut aussi simplement en verser un filet sur des sardines.

Le vinaigre de vin blanc

Le vinaigre de vin blanc entre dans la préparation du beurre blanc et des mayonnaises maison. On l'utilise aussi pour le poisson et pour les fruits de mer.

Le vinaigre balsamique

Le vinaigre balsamique est utilisé tant dans la préparation de vinaigrettes et de plats cuits que dans celle de nombreux desserts. On le voit souvent marié à des fraises ou à de la crème glacée. Le vinaigre balsamique est normalement ajouté à la fin de la cuisson pour ne pas en dénaturer le goût ni les arômes.

Comment conserver les vinaigres

Le vinaigre de vin et le vinaigre balsamique se conservent indéfiniment. Leur forte acidité les protège contre les bactéries, les levures et les moisissures. C'est d'ailleurs pourquoi on utilise le vinaigre dans les conserves et les marinades. Il est tout de même recommandé de garder les vinaigres dans un endroit frais et sec, à l'abri de la lumière.

Après un certain temps, il peut se former un dépôt dans la bouteille. Le phénomène est normal et n'affecte en rien la qualité du vinaigre. Il suffit d'agiter la bouteille avant utilisation.

Être mi-figue, mi-raisin

C'est être entre deux émotions, à la fois de bonne et de mauvaise humeur, satisfait et mécontent. L'expression remonterait au XIVe ou XVe siècle, alors que les raisins étaient très recherchés, tandis que les figues traînaient une mauvaise réputation de fruits secs peu coûteux et de qualité inférieure.

Une autre version, non confirmée par des écrits, veut que les marchands corinthiens mêlaient des figues aux raisins de Corinthe qu'ils vendaient aux Vénitiens pour rendre la transaction plus rentable. ◆

TRUCS ET ASTUCES AU QUOTIDIEN

Ajouter des raisins secs dans un gâteau

Avant d'ajouter des raisins secs dans un gâteau, on les roule dans la farine. De cette façon, ils se répartiront également dans le mélange au lieu de tomber au fond du moule.

Calculer les équivalences

Bon à savoir lorsqu'on cuisine avec les raisins : 250 ml ou 1 tasse de raisins frais correspond à 100 g de fruits ou environ 20 raisins. Et 60 ml ou ¼ tasse de raisins secs pèsent environ 30 g.

Créer des raisins décoratifs

Rien de plus simple que de réaliser des raisins décoratifs destinés à agrémenter les desserts. Il suffit de plonger des grains de raisin dans du blanc d'œuf légèrement battu et de les saupoudrer de sucre blanc pour leur donner un aspect givré. On peut aussi les glacer en les trempant dans un mélange de sucre glace et de citron.

Épépiner des raisins

La seule façon de retirer les pépins d'un raisin est de couper le grain en deux et de les extraire avec la pointe du couteau.

Éplucher les raisins

Pour éplucher un grain de raisin sans en abîmer la chair, il suffit de le plonger dans l'eau bouillante pendant 1 minute, puis de le passer rapidement sous l'eau froide. On retire ensuite la peau avec la pointe d'un couteau.

Réhydrater les raisins secs

Les raisins secs peuvent devenir granuleux après un long entreposage. Le phénomène est attribuable à la cristallisation du sucre et n'a pas d'influence sur la valeur nutritive du fruit. On peut redonner vie aux raisins en les trempant quelques minutes dans de l'eau bouillante, un alcool ou un jus de fruit. Il suffit ensuite de les sécher sur un papier absorbant.

La même technique est valable pour redonner une consistance moelleuse aux raisins secs avant de les ajouter à un plat.

AU MENU

Jus de raisin maison
Portions : 4

Voici deux façons de faire un jus de raisin maison. La première, un peu plus longue, s'inspire de la tradition vigneronne, alors que la seconde emprunte nos outils culinaires modernes.

Les jus de raisin maison sont fragiles et doivent être conservés à l'abri de la lumière. S'ils ne sont pas stérilisés, ils doivent être consommés dans les trois jours.

Version 1
Ingrédients
  1 kg (10 tasses) de raisins bleus
  310 ml (1 ¼ tasse) d'eau

Préparation
1. Déposer les grappes de raisins dans une grande casserole.
2. Verser l'eau pour recouvrir le fond.
3. Porter à ébullition et laisser mijoter environ 5 minutes ou jusqu'à ce que les raisins ramollissent. Retirer la préparation du feu et la laisser refroidir.
4. Écraser les raisins à travers une étamine (*coton à fromage*) déposée sur un tamis pour en extraire le jus.
5. Verser le liquide dans un pichet ou le répartir dans des verres.

Version 2
Ingrédients
   1 kg (10 tasses) de raisins bleus
   190 ml (¾ tasse) d'eau
   1 c. à soupe de canne à sucre
   125 ml (½ tasse) de jus d'orange

Préparation
   1. Laver les grains de raisin et les déposer dans le mixeur.
   2. Ajouter l'eau, la canne à sucre et le jus d'orange.
   3. Mélanger le tout pendant 1 minute en choisissant la fonction Liquéfier.
   4. Filtrer le mélange à l'aide d'une passoire en écrasant le reste de la pulpe avec le dos d'une cuillère.
   5. Verser le liquide dans un pichet ou dans des verres.

Sangria au jus de raisin
Portions : 4

Ingrédients
  1 litre (4 tasses) de jus de raisin blanc
  80 ml (⅓ tasse) de grenadine
  1 citron, en fines tranches
  1 orange, en fines tranches
  100 g (1 tasse) de raisins rouges
  1 pêche, pelée, dénoyautée et coupée en dés
  125 ml (½ tasse) de cognac (facultatif)

Préparation
  1. Dans un bol à punch ou dans un grand pichet, verser le jus de raisin et la grenadine. Ajouter les rondelles d'agrumes, les raisins, les dés de pêche et le cognac, si désiré. Mélanger.
  2. Servir avec des glaçons.

Gelée de raisins
Donne de 500 à 750 ml (de 2 à 3 tasses)

Ingrédients
800 g (8 tasses) de raisins bleus, lavés et égouttés
60 ml (¼ tasse) de jus de citron
60 ml (¼ tasse) d'eau
425 g (2 tasses) de sucre
½ c. à café de cannelle

Préparation
1. Déposer les raisins dans une grande casserole avec le jus de citron et l'eau. Écraser les raisins à l'aide d'une fourchette ou d'un pilon à pommes de terre. Ajouter la cannelle.
2. Porter à ébullition et laisser mijoter de 20 à 25 minutes, à découvert.
3. Recouvrir une passoire d'une double épaisseur d'étamine (*coton à fromage*) et la déposer sur un grand bol.
4. Verser le mélange de raisins dans la passoire, sans presser. Laisser reposer 2 heures afin de récupérer le maximum de jus.
5. Dans une grande casserole, porter le jus de raisin et le sucre à ébullition. Laisser mijoter en écumant jusqu'à ce que la température du mélange atteigne 104 °C (219 °F).
6. Verser le mélange dans des pots stérilisés chauds.
7. Conserver la gelée au réfrigérateur.

Muffins à l'orange et aux raisins
Portions : 12 muffins

Ingrédients
135 g (1 ½ tasse) de gruau à cuisson rapide
120 g (1 tasse) de farine de blé entier
150 g (¾ tasse) de sucre
2 c. à café de levure chimique (poudre à pâte)
1 c. à café de bicarbonate de soude
1 c. à café de sel
2 œufs
60 ml (¼ tasse) d'huile végétale (au choix)
125 ml (½ tasse) de jus d'orange
125 ml (½ tasse) de yogourt à la vanille ou nature
2 c. à café de zeste d'orange
90 g (¾ tasse) de raisins secs

Préparation
1. Préchauffer le four à 180 °C (375 °F).
2. Dans un grand bol, mélanger les ingrédients secs.
3. Dans un autre bol, battre les œufs, l'huile, le jus d'orange, le yogourt et le zeste d'orange.
4. Faire un trou au milieu des ingrédients secs et y verser le mélange liquide. Remuer légèrement. Ajouter les raisins secs et remuer encore un peu.
5. Répartir le mélange dans des moules à muffins. Cuire de 15 à 20 minutes.

Bouchées de raisins au fromage et aux pistaches
Portions : 24 bouchées

Ingrédients
24 gros raisins rouges ou verts
170 g (6 oz) de fromage de chèvre ou de fromage en crème
de type Boursin, à température ambiante (voir note)
225 g (1 ½ tasse) de pistaches hachées grossièrement

Préparation
1. Laver et sécher les raisins.
2. Écraser le fromage de chèvre dans une assiette.
3. Déposer les pistaches dans un bol.
4. Rouler les raisins dans le fromage de manière qu'ils soient entièrement recouverts, puis les rouler dans les pistaches.
5. Déposer les raisins sur un plateau de service.

Note : Si le fromage est trop ferme, il suffit de le mélanger avec 1 c. à soupe de crème 15 %.

Bouchées de raisins au jambon et au piment
Portions : 36 raisins

Ingrédients
- ½ c. à café de piment d'Espelette + quelques pincées pour garnir (facultatif)
- 1 c. à café d'huile d'olive
- 18 raisins rouges
- 18 raisins verts
- 4 tranches de jambon de Bayonne ou de prosciutto, en fines lanières
- Cure-dents ou petites brochettes en bois

Préparation
1. Dans un bol, mélanger le piment d'Espelette et l'huile d'olive.
2. Plonger chaque raisin dans le mélange d'huile, puis l'enrouler dans une lanière de jambon.
3. Déposer les raisins sur un plateau de service en les piquant chacun d'un cure-dent ou en enfilant trois ou quatre grains sur de petites brochettes en bois. Saupoudrer d'un peu de piment, si désiré.
4. Mettre au réfrigérateur 1 heure avant de servir.

Feuilles de vigne farcies

Ingrédients

50 feuilles de vigne en saumure (1 pot de 500 g/env. 1 livre)
1 c. à soupe de pignons, grillés
3 c. à soupe d'huile d'olive
1 gros oignon, haché finement
250 ml (1 tasse) de riz cuit à l'étuvée
375 ml (1 ½ tasse) d'eau
2 c. à soupe de raisins de Corinthe
1 c. à soupe de cumin moulu
225 g (¼ tasse) de persil italien
Sel et poivre
2 c. à soupe de menthe fraîche
Le jus de 1 citron
1 citron coupé en quartiers

Préparation

1. Laver les feuilles de vigne à l'eau fraîche et les déposer dans une casserole d'eau bouillante. Faire bouillir pendant 10 minutes. Égoutter et laisser refroidir.
2. Dans une casserole, faire dorer les pignons dans 2 c. à soupe d'huile d'olive.
3. Ajouter l'oignon et faire revenir 2 à 3 minutes. Ajouter le riz, mélanger et faire cuire 2 minutes.
4. Verser 60 ml (¼ de tasse) d'eau, puis ajouter les raisins, le cumin et le persil. Saler et poivrer. Couvrir et laisser cuire à feu doux 2 minutes ou jusqu'à ce que le liquide se soit évaporé. Le mélange doit être humide.
5. Retirer du feu et ajouter la menthe. Couvrir et laisser refroidir.

6. Étaler les feuilles de vigne sur un plan de travail, les pointes vers le haut.

7. Déposer 1 c. à café de farce sur chaque feuille et l'étaler en laissant libre environ 1 cm (½ po) à chaque extrémité.

8. Plier la base de la feuille sur la farce, ramener les deux côtés vers le centre, puis rouler la feuille du bas vers la pointe.

9. Dans une poêle, déposer les rouleaux côte à côte. Les recouvrir du reste d'huile d'olive et du jus de citron. Verser le reste de l'eau. Recouvrir d'une assiette de façon à maintenir les feuilles de vigne en place.

10. Faire bouillir, puis réduire la température et laisser cuire à feu moyen 20 minutes.

11. Retirer la préparation du feu et la laisser refroidir. Laisser l'assiette en place pour maintenir les rouleaux.

12. Servir les feuilles de vigne fraîches avec des quartiers de citron.

Salade de fromage de chèvre au prosciutto et aux raisins
Portions : 4

Ingrédients
1 laitue romaine
115 g (2 tasses) de roquette
500 g (18 oz) de fromage de chèvre frais
6 grandes tranches de prosciutto, en lanières
1 grosse grappe de raisins rouges, coupés en deux
Huile d'olive
Fleur de sel
Poivre du moulin

Préparation
1. Laver, essorer et découper grossièrement la laitue. La déposer avec la roquette dans un grand bol.
2. Émietter le fromage de chèvre ou le couper en dés.
3. Répartir les feuilles de salade dans les assiettes. Garnir le plat de lanières de prosciutto, de morceaux de fromage et de raisins. Arroser d'huile d'olive, saler et poivrer.

Cailles farcies aux raisins secs
Portions : 4

Ingrédients
8 cailles plumées et évidées
335 g (3 ⅓ tasses) de raisins blancs
200 g (environ 2 tasses) de foie gras, paré et coupé
  en 8 morceaux
8 tranches de bacon
4 c. à soupe de gras de canard
200 ml (¾ tasse) de vin blanc moelleux (sauternes)
60 g (½ tasse) de raisins de Corinthe
1 c. à café de miel
7 c. à soupe de cognac
Sel et poivre

Préparation
1. Farcir chaque caille de raisins frais et d'un morceau
   de foie gras.
2. Enrouler les cailles dans une tranche de bacon, puis
   les ficeler.
3. Dans une cocotte, faire revenir les cailles dans le gras de
   canard jusqu'à ce qu'elles soient dorées. Couvrir et laisser
   cuire à feu moyen 15 minutes.
4. Faire chauffer le vin dans une casserole, puis le flamber.
   Verser sur les cailles dans la cocotte.
5. Ajouter le reste des raisins, frais et secs, le miel et
   le cognac. Saler et poivrer. Laisser mijoter à feu moyen
   3 minutes.
6. Compter deux cailles par convive et napper de sauce
   au moment de servir.

Papillotes de canard aux raisins rouges
Portions : 4

Ingrédients
2 magrets de canard d'environ 450 g (1 lb)
4 c. à soupe de miel liquide
2 c. à soupe de vinaigre de miel ou de fruit (pomme, framboise)
1 c. à soupe d'huile d'olive
300 g (3 tasses) de raisins rouges sans pépins, coupés en deux
4 tranches d'orange d'environ 1 cm (½ po) d'épaisseur
Sel et poivre

Préparation
1. Dégraisser les magrets, les couper en fines tranches et déposer les tranches dans un plat.
2. Dans un bol, mélanger le miel, le vinaigre et l'huile d'olive. Verser la marinade sur le canard et remuer pour bien enrober la viande. Recouvrir le plat d'une pellicule plastique ou d'un couvercle. Laisser macérer au réfrigérateur 30 minutes.
3. Préchauffer le four à 210 °C (425 °F).
4. Étendre 4 carrés de papier d'aluminium sur le plan de travail. Poser les tranches de magret sur les carrés d'aluminium. Répartir les raisins et coiffer chaque portion d'une tranche d'orange. Napper chaque magret de marinade.
5. Refermer les papillotes et les déposer sur une plaque de cuisson. Cuire au four 15 minutes. Retirer les papillotes du four et les servir chaudes avec du couscous.

Note : Pour une chair plus savoureuse, servir le canard saignant.

Poulet grillé à la sauce aux raisins
Portions : 4

Ingrédients
2 œufs
30 g (¼ tasse) de farine
50 g (⅓ tasse) de chapelure
2 poitrines entières de poulet, d'environ 350 g (¾ lb)
chacune, désossées et sans la peau
1 c. à soupe d'huile de pépins de raisin
5 c. à soupe de vin blanc
125 ml (½ tasse) de crème 35 %
1 c. à soupe de persil frais, haché
200 g (2 tasses) de raisins verts, sans pépins, coupés en deux
Sel et poivre du moulin
Fécule de maïs (facultatif)

Préparation
1. Préchauffer le four à 180 °C (350 °F).
2. Battre les œufs dans un bol.
3. Mettre la farine dans un autre bol ou dans une assiette. Saler, poivrer et mélanger. Verser la chapelure dans une assiette.
4. Passer les poitrines de poulet dans la farine, de chaque côté. Les tremper ensuite dans les œufs battus, puis les enrober de chapelure.
5. Faire chauffer l'huile de pépins de raisin dans une poêle à frire. Déposer les poitrines de poulet et cuire à feu moyen entre 5 et 6 minutes de chaque côté, jusqu'à ce qu'elles soient dorées.

6. Verser le vin blanc et poursuivre la cuisson 2 minutes à feu vif. Ajouter la crème, le persil et les raisins. Saler et poivrer et poursuivre la cuisson pendant 3 à 4 minutes.

7. Déposer les poitrines de poulet dans un plat allant au four et ajouter la sauce. Enfourner et cuire de 25 à 30 minutes. Sortir le plat du four. Réserver les poitrines au chaud.

8. Réduire la sauce de cuisson dans un poêlon. Pour une consistance plus épaisse, ajouter un peu de fécule de maïs.

9. Répartir le poulet dans les assiettes. Napper de sauce et servir.

Salade de poulet, de raisins et de mandarines

Portions : 4 à 6

Ingrédients

250 ml (1 tasse) de mayonnaise

60 ml (¼ tasse) de jus de citron

1 c. à café de sel

¼ c. à café de muscade moulue

480 g (4 tasses) de poulet cuit, coupé en dés

3 à 4 mandarines, en quartiers (ou 1 boîte d'environ 300 g [10 oz] de quartiers de mandarine, sans le jus)

100 g (1 tasse) de raisins verts sans pépins, coupés en deux

40 g (½ tasse) d'amandes effilées, grillées

1 belle laitue

Préparation

1. Dans un grand bol, mélanger la mayonnaise, le jus de citron, le sel et la muscade.
2. Ajouter les dés de poulet, les quartiers de mandarine, les raisins et les amandes.
3. Bien mélanger avec la mayonnaise.
4. Réfrigérer le tout une trentaine de minutes, puis servir sur des feuilles de laitue.

Porc sauté aux raisins secs et à la cannelle

Portions : 4

Ingrédients

- 500 g (2 tasses) d'épaule de porc en dés
- 1 c. à soupe d'huile d'olive
- 4 carottes, coupées en rondelles
- 1 gros oignon, émincé
- 1 gousse d'ail, hachée
- ½ c. à café de cannelle
- 1 pincée de paprika
- Poivre du moulin
- 500 ml (2 tasses) de bouillon de légumes (ou de poulet)
- 60 g (½ tasse) de raisins secs

Préparation

1. Dans une casserole, faire revenir la viande dans un peu d'huile d'olive jusqu'à ce qu'elle soit dorée sur tous les côtés. Ajouter les carottes, l'oignon et l'ail. Cuire environ 5 minutes.
2. Assaisonner avec la cannelle, le paprika et le poivre, puis cuire 1 minute de plus.
3. Ajouter le bouillon de légumes et les raisins secs. Mélanger.
4. Couvrir et laisser mijoter entre 45 minutes et 1 heure, jusqu'à ce que les légumes soient tendres.
5. Servir sur un lit de riz basmati ou de couscous.

Tajine d'agneau aux raisins
Portions : 4

Ingrédients
650 à 700 g (environ 1 ½ lb) d'agneau, coupé en morceaux
3 c. à soupe d'huile d'olive
1 c. à café de safran
1 c. à café de gingembre en poudre et 1 c. à café de cannelle
60 ml (¼ tasse) de bouillon de bœuf
2 gousses d'ail, hachées finement
2 gros oignons, hachés
200 g (1 ¾ tasse) de raisins secs
2 c. à soupe de miel
Sel et poivre

Préparation
1. Dans une cocotte, faire dorer les morceaux d'agneau dans la moitié de l'huile d'olive. Saler et poivrer.
2. Ajouter le safran, le gingembre et la cannelle, puis le bouillon de bœuf et l'ail. Cuire à feu doux 30 minutes.
3. Pendant ce temps, dans une poêle, faire revenir les oignons dans le reste de l'huile d'olive.
4. Ajouter les oignons cuits, les raisins secs et le miel dans la cocotte. Poursuivre la cuisson de la viande environ 20 minutes. Servir avec du couscous.

Note : On peut également faire ce plat au four. Après avoir fait revenir l'agneau dans un poêlon avec un peu d'huile, mettre la viande dans un tajine allant au four avec le bouillon, l'ail et les épices. Cuire à 180 °C (350 °F) environ 50 minutes. Ajouter les oignons, le miel et les raisins après 30 minutes de cuisson.

Flétan aux deux raisins
Portions : 4

Ingrédients
- 800 g (1 ¾ lb) de flétan, coupé en 4 morceaux
- 80 ml (⅓ tasse) de fumet de poisson
- 100 g (1 tasse) de raisins verts
- 100 g (1 tasse) de raisins noirs
- 2 oignons verts, hachés finement
- 160 ml (⅔ tasse) de vin blanc
- 80 ml (⅓ tasse) de crème 15 %
- 2 c. à soupe de beurre
- Sel et poivre

Préparation
1. Mettre le flétan dans une casserole. Couvrir d'eau et ajouter le fumet de poisson. Porter à ébullition et cuire 6 minutes. Retirer le poisson de l'eau et le réserver au chaud.
2. Pendant ce temps, épépiner les raisins et les plonger dans un bol d'eau bouillante pendant 30 secondes. Retirer immédiatement, égoutter et réserver.
3. Dans une poêle, faire revenir les oignons verts à sec 30 secondes. Ajouter le vin et porter à ébullition. Laisser mijoter jusqu'à réduction presque complète du liquide. (Il ne devrait en rester que quelques cuillères à soupe.)
4. Ajouter la crème et faire réduire de moitié.
5. Ajouter le beurre à la sauce et fouetter pour le faire fondre.
6. Déposer le flétan et les raisins dans le mélange de sauce et le laisser réchauffer quelques minutes.
7. Servir avec du riz et des légumes verts.

Fraises au citron et au vinaigre balsamique
Portions : 4

Ingrédients
600 g (4 tasses) de fraises fraîches
Le jus de ½ citron
2 c. à café de sucre
1 c. à café de vinaigre balsamique
4 feuilles de menthe fraîche (facultatif)

Préparation
1. Laver et équeuter les fraises. Couper les grosses fraises en deux.
2. Dans un bol, mélanger le jus de citron, le sucre et le vinaigre balsamique. Ajouter les fraises et bien mélanger pour les enrober de liquide.
3. Laisser reposer 30 minutes au réfrigérateur.
4. Répartir les fraises dans quatre coupes et les garnir d'une feuille de menthe fraîche.

Gâteau au rhum et aux raisins
Portions : 6 à 8

Ingrédients
- 120 g (1 tasse) de raisins secs
- 125 ml (½ tasse) de rhum
- 200 g (1 ¾ tasse) de farine
- 1 c. à café de levure chimique (poudre à pâte)
- 160 g (⅔ tasse) de beurre mou
- 125 g (⅔ tasse) de sucre
- 2 œufs
- 1 c. à café d'essence de vanille
- 80 ml (⅓ tasse) de lait

Préparation
1. Dans un bol, faire tremper les raisins secs dans le rhum 1 ou 2 heures pour leur permettre d'absorber l'arôme de l'alcool.
2. Préchauffer le four à 180 °C (350 °F). Graisser et fariner un moule de 20 cm (8 po) de diamètre.
3. Tamiser la farine dans un bol. Ajouter la levure et mélanger. Réserver.
4. Dans un autre bol, battre le beurre avec le sucre. Lorsque le mélange est crémeux, ajouter les œufs tout en continuant à fouetter jusqu'à l'obtention d'une pâte lisse et homogène. Ajouter la vanille et mélanger.
5. Incorporer à la pâte, en alternance, la farine et le lait, sans cesser de fouetter. Ajouter les raisins parfumés au rhum et mélanger avec une cuillère en bois.
6. Verser la pâte dans le moule. Cuire de 25 à 30 minutes ou jusqu'à ce qu'un cure-dent inséré au milieu du gâteau en ressorte sec.

Tarte aux raisins de mon arrière-grand-mère

Portions : 6 à 8

Ingrédients

200 g (1 tasse) de cassonade (sucre brun)
1 c. à café de mélasse
625 ml (2 ½ tasses) d'eau
½ c. à café de vinaigre blanc
1 à 2 c. à soupe de fécule de maïs
½ c. à café d'essence de vanille
2 abaisses de pâte à tarte maison (ou du commerce)
180 g (1 ½ tasse) de raisins secs

Préparation

1. Préchauffer le four à 180 °C (350 °F).
2. Dans une casserole, faire brunir à feu moyen la cassonade et la mélasse.
3. Verser l'eau et le vinaigre. Amener à ébullition et laisser bouillir environ 5 minutes.
4. Délayer la fécule de maïs dans l'essence de vanille. Ajouter à la préparation et bien mélanger. Laisser mijoter jusqu'à l'obtention d'une sauce épaisse et transparente.
5. Verser le mélange dans un moule tapissé d'une abaisse de pâte et recouvrir de raisins secs. Fermer la tarte avec la seconde abaisse.
6. Cuire au four 40 minutes ou jusqu'à ce que la pâte soit bien dorée.

BOISSONS ET ALCOOLS DE RAISIN :
PAS QUE DU VIN !

Le vin n'est pas la seule boisson alcoolisée qu'on tire du raisin. La célèbre grappa est une eau-de-vie née de la distillation des marcs de raisin. Elle tire son nom du terme lombard *grappa*, qui signifie « rafle de raisin ».

La grappa est fabriquée à partir des résidus des raisins pressés pour faire du vin. Pellicules, rafles et pépins sont chauffés afin que les derniers liquides qu'ils contiennent s'évaporent. Le mélange est ensuite refroidi, puis distillé pour être transformé en un alcool dont la concentration peut atteindre 50 %. Des alcools de marc de raisin sont produits dans de nombreuses régions de France ; plusieurs sont reconnus, comme l'eau-de-vie d'Alsace ou l'eau-de-vie du Jura. Toutefois, seule l'eau-de-vie fabriquée en Italie peut porter le nom de grappa.

Les différents types de grappa
La grappa giovana (grappa jeune) est mise en bouteille dès la fin de la distillation. Elle est généralement claire, presque transparente. Son goût est sec et ses parfums sont subtils.

La grappa invecchiata (grappa vieillie ou affinée) a été vieillie en fût de chêne pendant 12 à 18 mois. Jaune paille, elle est limpide et brillante. Le bois lui donne des arômes plus affirmés.

La grappa aromatica (grappa aromatisée) est mélangée à des épices, à des herbes ou à du miel, qui lui transmettent des parfums et des arômes.

La grappa di monovitigno (grappa monocépage) est composée d'au moins 85 % de marcs provenant d'une seule variété de raisin.

La grappa se déguste généralement après le repas pour favoriser la digestion. En Italie, on la sert souvent avec des gâteaux secs ou des biscuits. Elle peut aussi être intégrée dans des plats régionaux de l'Italie du Nord, comme des sauces ou des desserts, servir de garniture dans des chocolats fourrés ou être badigeonnée sur des fromages pendant leur phase d'affinage. On l'ajoute également à plusieurs cocktails (voir recettes p. 127).

La grappa est normalement servie à une température comprise entre 15 et 18 °C (entre 59 et 65 °F), mais une grappa jeune se boit plus fraîche, soit entre 8 et 10 °C (entre 45 et 50 °F).

Du gin de raisin

On trouve désormais du gin à base de raisin. Dans cette boisson, l'orge non maltée et les extraits de baies de genièvre, qui entrent dans la fabrication de la majorité des gins, ont été remplacés par le raisin et la fleur de vigne. Une sorte de retour aux origines puisque les premiers gins étaient des distillats de raisin.

Le gin de raisin est réputé plus doux et plus aromatique que celui à base de céréales, et ce, en partie grâce à la fleur de vigne qui, une fois distillée, regorge d'arômes. Ces fleurs sont cependant difficiles à obtenir puisqu'elles sont essentielles à la production de raisins. Les producteurs d'alcool doivent donc se les procurer de producteurs de vignes trop jeunes pour donner du vin.

Cocktails à base de grappa

Stromboli (2 verres)
   125 ml (½ tasse) de grappa
   4 c. à soupe de sirop de grenadine
   190 ml (¾ tasse) de vin blanc

Verser tous les ingrédients dans un pichet. Bien mélanger. Répartir dans deux verres à cocktail. Ajouter des glaçons.

Vecchio Gondoliere (2 verres)
   190 ml (¾ tasse) de grappa
   2 c. à soupe de liqueur de menthe
   2 c. à soupe de Cointreau

Verser les ingrédients dans un pichet. Bien mélanger. Répartir le mélange dans des verres à cocktail remplis à moitié de glace pilée.

Venetian Sunset (2 verres)
   60 ml (¼ tasse) de grappa
   125 ml (½ tasse) de jus d'orange
   60 ml (¼ tasse) de Campari

Mettre tous les ingrédients dans un pichet. Bien mélanger. Verser dans deux verres à cocktail. Ajouter des glaçons.

Cultiver

la vigne chez soi

« Le Soleil, avec
toutes ces planètes
qui gravitent
sous sa gouverne,
prend encore
le temps de mûrir
une grappe de
raisins, comme s'il
n'y avait rien de
plus important. »

Galilée

Il est tout à fait possible de faire pousser des vignes dans son jardin, même si on possède peu d'espace. Il suffit d'avoir du temps à leur consacrer.

La culture de la vigne demande en effet du travail si on souhaite obtenir une récolte riche et abondante. Tailler régulièrement la vigne et prévoir des traitements contre les parasites sont particulièrement importants. Mais d'abord, il faut sélectionner la variété de vigne adaptée au climat et au sol (rocailleux, sablonneux, etc.) de notre région.

SÉLECTIONNER LE TYPE DE RAISIN

Les vignes de table sont des arbustes dont les tiges s'épaississent, deviennent noueuses et se ramifient en sarments portant des vrilles qui permettent à la plante de se fixer à un support. Pour pouvoir espérer une récolte, il faut d'abord tenir compte des conditions climatiques et de la composition du sol là où la vigne sera plantée. En région froide, par exemple, on peut choisir une vigne à maturité précoce ou la planter dans une serre. Autre question à se poser : que veut-on faire de la production ? Le raisin sera-t-il consommé tel quel, transformé en jus de raisin, en vin, en gelée ? Chaque variété ayant des caractéristiques spécifiques, il vaut mieux s'informer auprès d'un pépiniériste pour déterminer quel type de vigne répond à ses besoins.

CHOISIR LE BON EMPLACEMENT

La vigne s'épanouira dans un emplacement ensoleillé et protégé des vents froids, dans un sol sec, voire sablonneux ou rocailleux. Ses racines profondes lui permettent de résister à la sécheresse.

Le sol doit être bien drainé, c'est pourquoi on trouve souvent les vignobles à flanc de colline. Un terrain où l'eau ne s'écoule pas autour des racines favorise l'apparition de maladies.

On peut isoler la vigne ou encore regrouper plusieurs plants pour faire une haie fruitière. L'important est de lui donner un support auquel elle pourra s'agripper en poussant. Elle aura besoin d'un peu d'aide, au moment de la taille. On peut donc avoir à déplacer ou à tordre des tiges pour leur indiquer la direction à prendre ou devoir fixer soi-même les branches au support (câble, tonnelle, pergola, etc.).

QUAND PLANTER LA VIGNE

Il est conseillé de planter la vigne en hiver, lors de sa période de repos, en évitant les périodes de gel. Si c'est impossible, on le fait à la toute fin de l'automne ou au tout début du printemps.

COMMENT PLANTER LA VIGNE

Le plant doit être enterré de façon que le point de greffe, la cicatrice entre la plante sauvage et sa greffe, soit à 3 ou 4 cm (1 ¼ ou 1 ½ po) au-dessus du sol. Les vignes pouvant atteindre 5 m (16 pi) de haut, il est important de les espacer d'environ 1 m (3 ¼ pi) lorsqu'on crée un rang et de 2 à 3 m (6 ½ à 9 ¾ pi) si on les adosse à un mur puisqu'elles pousseront davantage en largeur qu'en profondeur. On remblaie le trou avec de la terre végétale enrichie d'engrais pour arbres fruitiers, puis on arrose généreusement.

Les premiers fruits apparaissent en général de trois à cinq ans après la plantation. La patience est donc de mise!

QUAND ET COMMENT TAILLER LA VIGNE

La taille et l'élagage de la vigne permettent à la plante de concentrer son énergie sur ses fruits. Ces derniers seront plus gros si on prend soin de bien faire l'opération. Selon les régions, la taille s'effectue entre le mois de février et la mi-avril, après les périodes de gel, mais avant que la vigne ne se développe pour la nouvelle saison.

Il existe de nombreuses règles entourant la taille de la vigne, qui peuvent présenter quelques différences selon les variétés. Il est préférable de se renseigner auprès d'un pépiniériste. Généralement, on conseille un élagage important des nouvelles pousses dès les deux premières années pour encourager les branches principales à croître. La taille permet aussi de se défaire des pousses latérales, ainsi que des bourgeons qui ont été endommagés par l'hiver.

COMMENT ENTRETENIR LA VIGNE

La vigne requiert deux ou trois arrosages par semaine en période estivale. On doit aussi la protéger contre les oiseaux et les parasites tels que les insectes et les moisissures ou champignons.

Un filet tissé serré jeté sur la vigne empêchera les oiseaux de venir picorer la récolte. Lorsque les grains ont atteint leur taille définitive, on peut les envelopper dans un sac en papier cristal ou kraft, afin d'accélérer leur mûrissement et les mettre à l'abri des guêpes et du ver de la grappe, des larves qui ravagent les vignes.

La culture de la vigne dans un endroit ensoleillé aidera à réduire l'oïdium, une maladie causée par des champignons, et le développement de moisissures. On peut prévenir la majorité des maladies avec du soufre ou du sulfate de cuivre, des produits approuvés en agriculture biologique. En arrachant les mauvaises herbes qui poussent au pied de la vigne, on permettra à l'air de circuler autour du pied, ce qui évitera les surplus d'humidité. Les vignes sont aussi vulnérables aux maladies du bois, ce qui nécessite des traitements préventifs appropriés.

COMMENT RÉCOLTER LE RAISIN

La récolte doit se faire lorsque le milieu et la base de la grappe sont mûrs, généralement entre la fin du mois d'août et le mois d'octobre, selon les cépages. On peut déterminer si le raisin est prêt en évaluant sa fermeté, sa couleur et son goût. Si on ne fait pas confiance à ses papilles gustatives, des tests permettent de vérifier le pH et la teneur en sucre des fruits. Si on souhaite faire des raisins secs, on retarde la cueillette afin que les fruits contiennent moins d'eau et plus de sucre.

La cueillette se fait grappe par grappe, avec un sécateur ou des ciseaux bien aiguisés afin d'éviter d'abîmer les raisins. Pour qu'elle se conserve mieux, on garde un morceau de sarment d'une dizaine de centimètres (environ 4 pouces) sur chaque grappe. On coupe uniquement les grappes qui sont prêtes et on laisse les autres atteindre la maturité sous le soleil de fin d'été. On peut les aider à mûrir en coupant les feuilles placées au-dessus des fruits.

COMMENT CONSERVER LE RAISIN

Les raisins récoltés peuvent être conservés pendant quelques jours au réfrigérateur dans un sac en plastique perforé. À température ambiante, ils restent fermes environ 15 jours. Il faut cependant prendre soin de retirer des grappes les grains malades avec des ciseaux, puisque la moisissure se transmet rapidement d'un raisin à l'autre. Pour conserver des grappes de raisins pendant 1 mois, on les dépose dans une boîte en bois avant de les recouvrir de sciure et de refermer hermétiquement le couvercle.

Pour en savoir plus

AMBROSI, DETTWEILER-MÜNCH, RÜHL, SCHMID ET SCHUMANN. *Guide des cépages, 300 cépages et leurs vins*, Paris, Éditions Ulmer, 1997.

CARBONNEAU, Alain, Alain DELOIRE et Benoît JAILLARD. *La vigne : physiologie, terroir, culture*, Paris, Dunod, 2007.

DELECROIX, Jean-Marie. *La cure de raisin : les nettoyages de l'organisme pour retrouver et garder la santé*, Paris, Éditions Médicis, 2006.

DION, Roger. *Histoire de la vigne & du vin en France, des origines au XIXe siècle*, Paris, C.N.R.S., 2010.

LOUBINOU, Catherine. *Le raisin : saveurs et vertus*, Paris, Grancher, 2010.

PRIEL, Benoît. *Une vigne au jardin*, Paris, Rustica, 2004.

SCHALL, Serge. *Raisins*, Toulouse, Plume de carotte, 2011.

SCHEROMM, Pascale. *Quand le raisin se fait vin*, Versailles, Éditions Quae, 2011.

Table des matières

Suivez-nous sur le Web

Consultez nos sites Internet et inscrivez-vous à l'infolettre pour rester informé en tout temps de nos publications et de nos concours en ligne. Et croisez aussi vos auteurs préférés et notre équipe sur nos blogues !

EDITIONS-HOMME.COM
EDITIONS-JOUR.COM
EDITIONS-PETITHOMME.COM
EDITIONS-LAGRIFFE.COM

Achevé d'imprimer au Canada
sur papier Enviro 100 % recyclé